Monika Wieber

Sprachförderung mit Geschichtensäckchen

Für eine altersgerechte Sprachentwicklung von Krippenkindern (U3)

Ökotopia Verlag, Aachen

Danke

Die in diesem Buch vorliegenden Praxisbeispiele für Geschichtensäckchen sind in der Arbeit mit Kleinkindern im Alter von 1 bis 3 Jahren in kleinen Gruppen in der evangelischen Kita „Auf dem Pfarrhof", im Eltern-Kind Spielkreis des städtischen Familienzentrums und mit meiner Enkelin in kleinen Spieleinheiten, alle in Darmstadt-Wixhausen, entstanden und gespielt worden. Somit hatte ich die Möglichkeit, die Geschichtensäckchen in unterschiedlichen Zusammenhängen und unter den unterschiedlichsten Aspekten zu entwickeln und zu gestalten. Dafür bedanke ich mich bei allen beteiligten Kindern und Eltern/Erziehungsberechtigten und Mitarbeitern/innen der verschiedenen Einrichtungen sehr herzlich.

Ganz besonders bedanke ich mich bei meiner zweijährigen Enkelin Ida. Durch ihr altersbezogenes Spielverhalten hat sie mir sehr viele Impulse für die Entwicklung der vorliegenden Geschichten gegeben und mir sowohl die Möglichkeiten als auch die Grenzen dieser Arbeit im aktiven Spiel aufgezeigt.

Impressum

Autorin Monika Wieber
Fotos Monika Wieber
Lektorin Uta Koßmagk
Covergestaltung PERCEPTO mediengestaltung
Layout & Satz designmeetsmotion.com, Tina Meffert
Druck

ökotopia

ISBN 978-3-86702-384-9

Bleiben Sie in Kontakt

www.oekotopia-verlag.de

Inhalt

Vorwort

„Ich kann nur das ernten, was ich auch ausgesät habe."

Diese alte Bauernweisheit, zu einem bekannten Sprichwort und einer Metapher umformuliert, kann im übertragenen Sinne symbolhaft für eine positive Sprachförderung und dem daraus folgenden Spracherwerb stehen: Ein Kind kann nur die Sprache sprechen, die es hört, erlebt und auf diesem Weg von anderen Vorbildern übernimmt und lernt. Kinder brauchen sprachliche Vorbilder, die (im übertragenen Sinn) bei kleinen Kindern das lustvolle Erleben der Sprache „säen", was diese dann wiederum als ältere Kinder, als sprachgewandte und erwachsene Menschen in einem späteren Lebensabschnitt in Form eines erfolgreichen Sprachverhaltens „ernten".

Geschichtensäckchen ermöglichen Spracherwerb auf sehr lustvolle und interaktive Weise und mit allen Sinnen.

Geschichtensäckchen mit ihrer Verbindung von Sprache und spielbegleitender, sichtbarer Handlung ermöglichen diesen Spracherwerb auf sehr lustvolle und interaktive Weise und mit allen Sinnen. Diese Spracherfahrungen macht das Kind ganzheitlich und emotional eingebettet in freudvolles Erleben und spielerisches Lernen.

Sicher haben Sie schon häufig kleine Kinder beim Spielen beobachtet. Vertieft in ihr Spiel, leben sie voll in diesem Tun, sind mit ihrer ganzen Aufmerksamkeit dabei und vergessen alles um sich herum. Nicht nur die Hand alleine ist motorisch aktiv und eingebunden, der Mund mit der Zunge begleitet dieses Tun ebenso. Das, was die Kinder in diesem Lebensalter gerne machen, nämlich spielerisch die Welt erleben und be-greifen, wird zur methodischen Grundlage in der Arbeit mit den Geschichtensäckchen.

Sprachförderung mit Geschichtensäckchen

Sprachentwicklung im frühen Kindesalter

Kinder entwickeln sich und lernen in ihrem eigenen Entwicklungs- und Lerntempo. Bezogen auf die Sprachentwicklung von Kindern ab einem Jahr heißt das unter der Berücksichtigung von entwicklungsbedingten Abweichungen:

- Einjährige Kinder haben bereits einen großen passiven Wortschatz.
- Das Sprachverständnis hat schon lange vor dem ersten Lebensjahr begonnen.
- Die eigenständige Wortproduktion mit Einwort-Äußerungen ist in Ansätzen bereits vorhanden.

Zwischen dem ersten und zweiten Lebensjahr (ab ca. 12 – 24 Monaten) ...

- ... beginnt die Wortkombination von zwei und mehreren Wörtern.
- ... können gegen Ende bereits einfache, kurze vollständige Sätze gesprochen werden.
- ... nimmt der aktive Wortschatz immens zu („Wortschatz-Explosion" mit ca. 18 – 20 Monaten).

Ab ca. 24 Monaten führen bereits einfache komplexe Sätze und Satzkombinationen zu einfachen Erzählungen und Schilderungen.

Wann arbeite ich mit Geschichtensäckchen?

Geschichtensäckchen können täglich im Spiel mit den Kindern eingesetzt werden. Sowohl gezielt, mit einer bestimmten Absicht und Zielvorgabe, oder aus Spaß und Freude am lustvollen Spiel mit der Sprache und den dazugehörenden Spielmaterialien. In einem spielerischen Umfeld erlebt das Kind dabei alleine oder in einer Kleingruppe mit mehreren Kindern emotionale Zuwendung, Aufmerksamkeit und Wertschätzung. Es erlebt sprachliche und verhaltensbezogene Vorbilder und lernt spielerisch, lustvoll und alltagsintegriert: „Sprechen und Spielen macht Spaß!" Alltägliche Situationen wie Ankommen, Verabschieden, der Morgenkreis und alltägliche Spielzeiten bieten sich für das Arbeiten mit den Geschichtensäckchen an. Das primäre Ziel der kindgerechten Sprachförderung durch positiv erlebte Spracherfahrungen wird interaktiv, lustvoll und spielerisch erreicht. Sprechen und Spielen macht Spaß!

Sprechen und Spielen macht Spaß!

Sprachförderung mithilfe der Geschichten in den Säckchen geschieht im sprachbegleitenden Spiel:

- ... durch die Verknüpfung von Wort/Sprache und visueller Handlung ...
- ... durch Zuordnung/Verbindung von Gegenstand und Wort/Begriff.
- ... durch einfache Aussagen in einfachen Sätzen.
- ... im Erzählen und Erleben überschaubarer Aktionen aus dem Alltag.

Was sind Geschichtensäckchen?

Geschichtensäckchen sind einfarbige oder gemusterte Stoffsäckchen, die eine auf das Alter der Kinder und der damit verbundenen Methode aufgeschriebene und laminierte Geschichte sowie Figuren und Materialien wie Tiere, Püppchen, Bausteine, kleinere Spielsachen und Gegenstände enthalten, die bei jüngeren Kindern (1 bis ca. 4 Jahre) für das sprachbegleitende Spielen und Aufstellen der Geschichte und bei älteren Kindern (ca. 4 – 6 Jahre) für das kreative Weiterentwickeln einer begonnenen Impulsgeschichte erforderlich sind.

Primäres Ziel bei der Arbeit mit den Geschichtensäckchen ist es, einen spielerischen, freudvollen, kommunikativen und kreativen Umgang im Bereich der kindlichen Sprachförderung alltagsintegriert anzustoßen und zu praktizieren.

Das Besondere an der Arbeit mit den Geschichtensäckchen ist die Verbindung der Sprache in Form der erzählten Geschichten, Reime, Lieder und der weiteren sprachlichen Begleitung mit der dazugehörenden aufgestellten und gespielten Handlung. Die Handlung wird somit nicht nur gehört, sondern visuell, emotional und kindgemäß erlebt.

Die Handlung wird nicht nur gehört, sondern visuell, emotional und kindgemäß erlebt.

Entsprechend der altersspezifischen Zielgruppe ist das Arbeiten mit den Geschichtensäckchen in zwei methodische Arbeitsformen unterteilt:

Für jüngere Kinder in der Krippe und im frühen Kindergartenalter ab 1 bis ca. 4 Jahren:

Die Geschichten für diese Altersgruppen haben eine kurze, in sich abgeschlossene Handlung, die sprachbegleitend in spielerischen Szenen mit den Materialien des Säckchens gespielt und erlebt wird. Es ist eine visuelle Unterstützung des Hörens.

Für Kindergartenkinder ab ca. 4 Jahren:
Geschichtensäckchen für diese Altersgruppe enthalten eine Impulsgeschichte, eine sogenannte „Einstiegserzählung“, mit einem visuell präsenten Protagonisten in Form einer Handpuppe, eines Plüschtieres oder einer anderen Figur sowie diverse Spiel- und Alltagsmaterialien, die die Impulse für die kreative Weiterentwicklung der begonnenen Geschichte liefern.

Zwei unterschiedliche Arbeitsformen für Krippenkinder und Kindergartenkinder.

Mit meinen folgenden Ausführungen und Praxisbeispielen beschreibe ich das Arbeiten mit Geschichtensäckchen für Krippen- und jüngere Kindergartenkinder. Das kreative Arbeiten mit Geschichtensäckchen für ältere Kindergartenkinder stelle ich in einem zweiten Buch „Sprachförderung mit Geschichtensäckchen – Für altersgerechte Sprachentwicklung von Kindern zwischen 3 und 6“ vor. Die dabei gemachte Alterseinschränkung ist eine Empfehlung. Ausschlaggebend für die Arbeit mit den Säckchen ist das Entwicklungsalter eines jeden Kindes.

Was will ich mit den Geschichtensäckchen erreichen?

Das sogenannte „Ausgangsmaterial“ eines jeden Geschichtensäckchens für Krippenkinder und jüngere Kindergartenkinder ist eine Geschichte in Form einer kurzen, altersgemäßen und in sich abgeschlossenen Handlung, die in Form einer Erzählung, eines Verses, Reimes oder Liedes aufgeschrieben ist. Während diese Geschichte langsam erzählt oder die einzelnen Textphrasen vorgelesen werden, wird spielerisch, handlungsbegleitend und erlebnisorientiert mit den Materialien diese Geschichte gespielt und die Figuren dazu aufgestellt. Die Kinder werden in dieses Spielen und Aufstellen aktiv einbezogen. Sie erleben somit ganzheitlich, lustvoll und emotional eingebunden eine Handlung. Sprache, Spiel und emotionales Erleben werden so auf eine kindgerechte Weise miteinander in Verbindung gebracht.

Das Arbeiten mit den Geschichtensäckchen bietet dem Kind somit viele Möglichkeiten zu kindgerechten Sprach- und Sozialerfahrungen. Es hat zum Ziel und unterstützt …

- … primär den Spracherwerb, das Sprachverstehen und die altersgemäße sprachliche Kommunikation des Kindes.
- … sowohl die Sprachmotivation als auch die Lust am Sprechen und Erzählen.
- … sekundär vielseitige Erfahrungen auf der Beziehungsebene sowie im emotionalen, sozialen, kreativen, musischen und kognitiven Förderbereich.

Das geschieht ...

- ... unter Berücksichtigung der emotionalen Einbindung des Kindes.
- ... ganzheitlich und erlebnisorientiert.
- ... mithilfe seiner eigenen Ressourcen.
- ... unterstützend durch die Wertschätzung des/der begleitenden Pädagogen/in.

Sprachförderung und Spracherfahrung führen zu einer erlebten Sprache.

Alters- und entwicklungsbezogene Sprachförderung kann nur dann gelingen, wenn es ein Umfeld gibt, in dem gesprochen wird. Die beiden Säulen des Spracherwerbes sind das Sprachverstehen und die Sprachproduktion.

Über das Hören nimmt bereits der Säugling die gesprochenen Worte mit denen der Sprache eigenen Lautbildungen, die typische Sprachmelodie und den charakteristischen Sprachrhythmus auf. Sie werden mit den dazugehörenden Begriffen, erlebten Gegenständen und Handlungen in Verbindung und Beziehung gebracht. Dabei erlebte Emotionen werden gleichsam mit diesen Spracherfahrungen verbunden. Dieses Sprachverstehen geschieht weit vor dem aktiven Sprechen mit eigenen Worten. Der sich entwickelnde und vorhandene passive Wortschatz eines Kindes (Menschen) ist größer als der aus aktiv benutzten Worten.

Über das real erlebte Greifen und Begreifen der Dinge gelangt es allmählich zum abstrakten Begreifen der realen Welt. Mit der Sprache hat das Kind ein Werkzeug, mit dessen Hilfe es immer mehr und besser kommunizieren und an der Welt teilhaben kann.

Diese Entwicklung des Spracherwerbs unterstützt und fördert die Arbeit mit den Geschichtensäckchen in kindgerechter und lustvoller Form. Die Kinder sind dabei sowohl passiv als Zuhörer als auch aktiv als Sprecher und „Sprachbenutzer" durch das Geschichtenhören, sprachbegleitendes Aufstellen, Spielen und durch den eigenen kreativen Umgang mit der Sprache in das Geschehen eingebunden. Sie hören und erleben emotional und erlebnisbezogen die erzählte und aufgestellte, gespielte Geschichte und werden somit selbst ein aktiver Teil der Handlung.

Durch diese Erfahrung entsteht und verfestigt sich: „Erzählen, Sprechen und Spielen macht Spaß!" Die Freude am Sprechen und an der Sprache ist geweckt. Es findet eine Spracherziehung und Spracherfahrung mit allen Sinnen statt. Hören, Sehen, Tasten, Fühlen, Riechen führen dabei zu einer erlebten Sprache. Positive und lustvolle Erfahrungen werden mit den Gegenständen und der Handlung aufgenommen, abgespeichert und mit der Handlung und den Begriffen assoziiert. Spracherwerb geschieht somit leicht über die positive Kommunikation und in der positiv erlebten Beziehung mit den sprachlichen Vorbildern.

Die Wortschatzerweiterung geschieht aktiv und passiv.

Die Wortschatzerweiterung geschieht aktiv und passiv. Aktiv, indem der bereits vorhandene Wortschatz eingesetzt und durch das Sprechen erprobt wird. Durch dieses Verknüpfen von Wort und Gegenstand, von Wort und Handlung werden die gedanklich vorhandenen Begriffe überprüft, bestätigt und realen Gegebenheiten zugeordnet. Die Vergrößerung des passiven Wortschatzes erfolgt durch die gleichen Mechanismen, verbunden mit dem Zuhören und Beobachten. Sprachregeln prägen sich dabei ein.

Durch dieses alters- und entwicklungsgerechte Spiel mit der Sprache werden die Konzentration und die Merkfähigkeit gefördert. Das spielerische Arbeiten mit den Säckchen fordert heraus, regt an, überfordert jedoch nicht. Das aktive Einbeziehen der Kinder in das Spielen der Geschichte motiviert zum Mitmachen und regt die Neugier der Kinder an. Ganz selbstverständlich treten sie somit in Beziehung zu dem das Spiel begleitenden Erwachsenen und zu den anderen Kindern. Sie erleben und lernen soziale Verhaltensweisen und altersgemäß zu kommunizieren.

Durch die Identifikation mit den Handlungsträgern der Geschichte lernen die Kinder zusätzliches Sozial-, Rollen-, Alltags- und Problemlösungsverhalten, Kommunikationsstrukturen sowie den Umgang mit Regeln.

Die kognitive Förderung, verbunden mit einer altersgerechten Wissensvermittlung, ist gleichfalls eingebunden in den einfachen Geschichtenverlauf. Farben- und Mengenbegriffe, Zahlen, Formen, Beziehungen, Unterschiede, Zuordnungen werden erlebt, spielerisch aufgenommen und prägen sich durch die Wiederholungen leicht ein.

Musikalisch-rhythmische Förderung geschieht über die vielfältigen Wort- und Sprachrhythmen, Lieder, Reime und Verse. Durch vielfache Wiederholungen des gesprochenen Textes, einzelner Phrasen, Sätze und Worte prägen sich rhythmische Elemente und Melodien spielerisch ein.

Durch das Aufstellen der kleinen Spielfiguren geschieht sowohl eine Förderung der Koordination von Auge und Hand als auch eine feinmotorische Förderung der Hände. Gleichzeitig wird die am Sprechen beteiligte Mund- und Atemmuskulatur angesprochen und weiterentwickelt.

Das Spiel mit der Sprache gibt Entwicklungsimpulse in vielen Förderbereichen.

Die räumliche Nähe zu dem begleitenden Pädagogen, der Blickkontakt, die Zuwendung, das Zuhören und das wertschätzende Einbeziehen der Kinder führen zum positiven Erleben der Spracherfahrungen. Sie schaffen Selbstvertrauen, geben Selbstsicherheit und motivieren zu weiteren aktiven Lebenserfahrungen. Sie geben dem Kind Beispiele für soziales und kommunikatives Lernen. Gleichermaßen wird das Beziehungs- und Bindungsverhalten aufgebaut, gestärkt und gefördert.

Geschichtensäckchen können in dieser Form in einem weiteren Kontext und Lernfeld gezielt eingesetzt werden, nämlich zur Unterstützung beim Erlernen einer Zweitsprache (s. S. 21 f.).

Was gehört zu einem Geschichten-säckchen?

Das Geschichtensäckchen enthält:

- **das Stoffsäckchen,**
- **die geschriebene und laminierte Geschichte,**
- **die Geschichtendecke als Spielfläche aus dickem Filz (rund, eckig oder mit abgerundeten Ecken),**
- **einzelne Aktionsspielräume aus dünnem Filz, wie Seen, Flüsse, Wiesen, Spielplätze, Berge ...,**
- **die Spielmaterialien und Figuren zum Aufstellen und Spielen der Geschichte.**

Woher bekomme ich die Materialien?

In jedem Geschichtensäckchen sollten die Materialien sein, die für das spielerische Aufstellen der erzählten Geschichte notwendig sind. Diese vorwiegend kleinen Spielmaterialien der verschiedensten Hersteller wie Holz- und Plüschtiere, Figuren und Püppchen, Bäume, Häuser, Bausteine, Möbel, Fahrzeuge, Naturmaterialien (Steine, Stöckchen, Rinde, Blätter ...) usw. gehören zu den Spielmaterialien, die in vielen Krippen vorhanden sind und für die Säckchen genutzt werden können. Speziell für das Arbeiten mit den Geschichtensäckchen können Sie sich eine „Schatzkiste" mit diversen Spielmaterialien zulegen.

Die Anzahl der Spielmaterialien in jedem Säckchen richtet sich nach der Länge und dem Inhalt der Geschichte. Beschränken Sie sich bei der Auswahl auf die Materialien, die in der Geschichte beschrieben werden.

- Beziehen Sie dabei die Eltern ihrer Kinder in ihr Vorhaben mit ein (weitere Ausführungen dazu ab S. 21).
- Bitten Sie um Materialspenden: Stellen Sie eine „Spendenbox" am Eingang Ihrer Einrichtung auf. Hier können alle Eltern ihre Materialspenden für die Säckchen abgeben.
- Eine weitere große Fundstelle für die Säckchenfüllungen sind Flohmärkte. Hier gezielt zu suchen, lohnt sich immer und regt für weitere Säckchengeschichten an.
- Gemeinsam mit den Kindern können Sie bei einem Ausflug Naturmaterialien wie Steine, Stöckchen, Rinde, Schneckenhäuser, Stroh usw. sammeln und Ihre „Schatzkiste" damit ergänzen. Innerhalb kürzester Zeit werden Sie einen großen Fundus an Spielmaterialien für Ihre Geschichtensäckchen besitzen.

Nähanleitung für ein Geschichtensäckchen

Die Stoffsäckchen können selbst genäht werden. Beziehen Sie dabei die Eltern mit ein.

Restekisten in den Stoffläden sind eine ergiebige und günstige Materialquelle. Sollten Sie über größere finanzielle Mittel verfügen, können Sie entsprechend bedruckte Stoffe kaufen, die auf den Inhalt des Säckchens hinweisen und somit äußerlich von den Kindern dem Inhalt der Geschichte zugeordnet und wiedererkannt werden. Applikationen oder symbolische Bemalungen mit Stofffarbe erfüllen diesen Zweck ebenfalls.

Die Säckchen sollten nicht zu klein sein. Bedenken Sie, dass sowohl das Material als auch suchende Kinderhände darin Platz finden sollen. Die Maßangaben in der folgenden Nähanleitung sind Empfehlungen, die sich so in der Praxis bewährt haben.

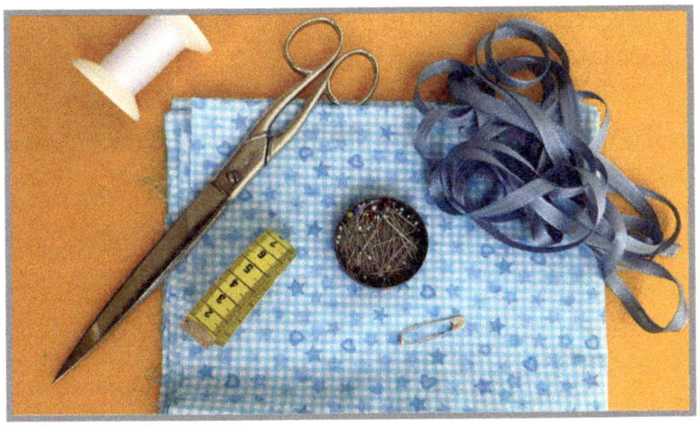

Material pro Säckchen: Baumwollstoff, 40 cm breit, 132 cm lang, 2 Kordeln/Bänder, jeweils ca. 140 cm lang

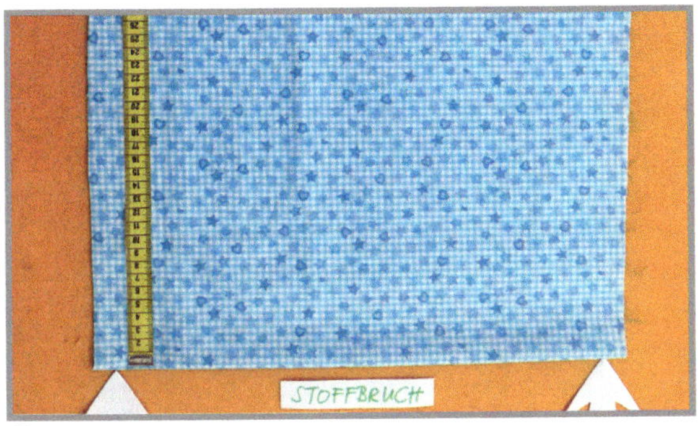

❶ Stoffzuschnitt, rechte Seite aufeinanderlegen, unten Stoffbruch – oben offen.

❷ Linke Stoffseite: Seitennähte rechts und links schließen. Dabei auf jeder Seite die Öffnungen für den späteren Kordeldurchzug (2 cm) lassen.

❸ Linke Stoffseite: Nähte aufbügeln (erforderlich für problemlosen Kordeldurchzug), Ecken am unteren Ende Stoffbruch abnähen. Dafür wird an jeder Seite „Ende Seitennaht, Ecke Stoffbruch" die aufgebügelte Seitennaht mittig auf den dahinterliegenden Stoffbruch gelegt (Bischofsmütze) und ca. 4 cm unterhalb der Spitze quer abgenäht (siehe Skizze/Foto).

❹ Linke Stoffseite: Umschlag für die Öffnung des Säckchens vorbereiten. Dazu den Stoffrand am offenen Säckchenende ca. 1 cm umschlagen (abstecken oder abbügeln).

❺ Linke Stoffseite: Umschlag und Kordeldurchzug nähen: Diesen Umschlag so weit herunterziehen und knapp unterhalb des Kordelöffnungsloches rundum feststecken. Bündig am Umschlagende rundum den Umschlag annähen. Oberhalb dieser ersten Naht im Abstand von ca. 2,5 cm durch eine zweite Naht rundum den Tunnel für den Kordeldurchzug nähen. Die Öffnung für den Kordeldurchzug liegt jetzt zwischen diesen beiden Nähten (siehe Skizze).

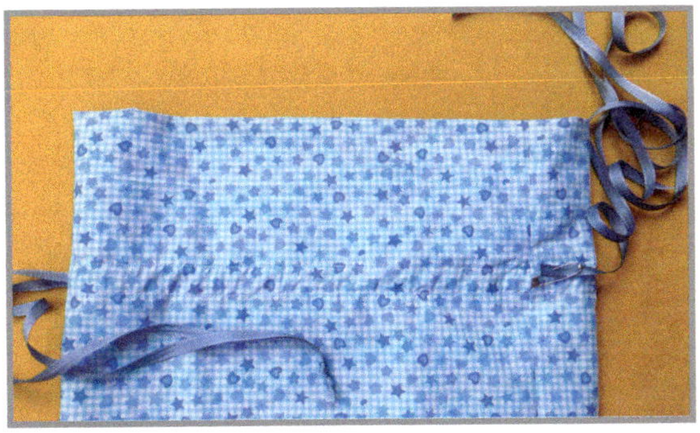

❻ Säckchen wenden und die beiden Kordel/Bänder mithilfe einer Sicherheitsnadel wie angegeben gegenläufig durch den Tunnel ziehen. Dabei eine Kordel links beginnend rundum durchziehen und mit dem Kordelanfang verknoten. Die zweite Kordel rechts beginnend rundum durchziehen und mit dem Kordelanfang verknoten.

Worauf achte ich beim Erstellen einer Geschichte?

Kleine kurze Geschichten, Verse oder Lieder bilden die Grundlage der Säckchengeschichte. Möchten Sie selbst Geschichten für Ihre Säckchen kreieren, so beachten Sie bitte die folgenden charakteristischen Merkmale dieser kurzen Geschichten:

Inhalt der Geschichten
Inhaltlich sollte die Geschichten aus dem Erlebens- und näheren Erfahrungsbereich der Kinder kommen und die Szenen die Lern- und Entwicklungsschritte dieser Altersstufe berücksichtigen und anregen.

Länge der Geschichten
Die Geschichten für jüngere Kinder dieser Zielgruppe sollten überschaubar, kurz und nur einen Handlungsstrang mit einem Handlungsträger haben.

Längere Geschichten können inhaltlich vereinfacht und verkürzt werden (siehe Hinweise bei den einzelnen Praxisbeispielen ab Seite 24). Es gilt die Regel: je jünger die Kindern, desto kürzer und einfacher die Geschichte.

Für ältere und erfahrene Kinder können die einzelnen Szenen der Geschichte länger sein und aus mehreren Handlungssträngen und -trägern bestehen, einzelne kurze Geschichten zu einer längeren kombiniert werden, kurze Geschichten durch zusätzliche Handlungsträger und Aktionen erweitert werden.

Das Alter der Kinder bestimmt den Inhalt und den Umfang der Geschichte.

Alter der Kinder
Bei der Auswahl der Geschichten für eine bestimmte Kindergruppe orientieren Sie sich primär an dem Entwicklungsstand der Kinder und nicht nur an dem Lebensalter. Gerade in diesem Lebensalter sind die Unterschiede von Kind zu Kind zwischen Alter und Entwicklungsstand enorm. Jüngere Kinder können bereits über Fähigkeiten verfügen, die einem höheren Alter entsprechen. Ältere Kinder können aufgrund ihrer individuellen Situation entwicklungsmäßig im Rückstand sein und somit einer anderen Förderung und Ansprache bedürfen.

- Jede bestehende Geschichte kann durch den Austausch der Handlungsträger zu einer neuen Geschichte umgestaltet werden, z. B.: „Der Bauer bringt Pferde oder Schafe oder Ziegen auf die Weide..."
- Der Text sollte aus kurzen und klaren Sätzen bestehen. Die Aussagen sollten klar und deutlich sein.
- Kinder lieben und lernen durch Wiederholungen. Die gleichen Fragestellungen, die gleichen Antwortstrukturen im Satz berücksichtigen das.
- Nomen werden möglichst immer mit einem beschreibenden Adjektiv verbunden, z. B. der rote Ball, der kleine Stein ...

- Durch einfache Lautspiele können Sie alle Handlungen altersgemäß akustisch untermalen und lebendiger gestalten, z. B.: „Das Pferd läuft trapp, trapp trapp ...", „Das Auto fährt brumm, brumm, brumm ..." usw.

Wichtig:
Bitte beachten Sie, dass sich Kinder in diesem Lebensalter noch nicht sehr lange konzentrieren können. Das Ankommen (Hinsetzen), Einstimmen (mit Handpuppe und/oder Lied), der Aufbau der Spielflächen, das Vorstellen der Akteure, das Verabschieden und Einräumen benötigt neben dem Erzählen und Spielen der eigentlichen Geschichte Zeit. Bitte planen Sie das in Ihre Arbeit mit ein.

Wie arbeite ich mit den Geschichtensäckchen?

Kinder im Krippen- und frühen Kindergartenalter verfügen noch nicht über eine längere Konzentrationsphase. Sie wechseln häufiger die Spielszenen und Materialien. Zusätzlich lassen sie sich durch andere Kinder, andere Ereignisse, die sie umgebenden Spielmaterialien ablenken und wenden sich dem neuen Reiz zu. Dieses entwicklungsbedingte Verhalten sollten Sie bei der Arbeit mit jüngeren Kindern berücksichtigen und in Ihre Planungen mit einbeziehen. Solange das Arbeiten mit den Säckchen neu für Ihre Kinder ist, arbeiten Sie bevorzugt in einer kleinen Gruppe von 2 – 4 Kindern. Suchen Sie dafür eine ruhigere, reizarme Ecke Ihres Raumes auf oder gehen Sie in einen Nebenraum. Haben die Kinder zu einem späteren Zeitpunkt mehr Erfahrung, können Sie die Gruppengröße erweitern und später sogar auf den ganzen Morgenkreis ausweiten.

Kleine Gruppen und eine ruhige Umgebung erleichtern den Einstieg in die Arbeit mit den Säckchen.

Das Arbeiten mit den Säckchen sollte immer unter Aufsicht eines Erwachsenen stattfinden. Obwohl es Spielmaterialien aus dem Alltag sind, unterscheidet sich dieses Sprachspiel von der freien Spielsituation. Außerdem haben Sie dadurch Kontrolle über kleine Materialien, die im Kontext der Geschichtenaufstellung eingesetzt werden, die im Freispiel den Kindern aber gefährlich werden könnten.

Beziehen Sie die Kinder in das handlungsbegleitende Aufstellungsspiel so gut wie möglich und mit allen Sinnen ein. Dabei können Sie es zur Regel machen, dass Sie mit dem ersten Aufstellungsspiel die Geschichte vorstellen. Dabei sind die Kinder in der Rolle der Zuschauer. In jeder weiteren Wiederholung werden die Kinder wechselseitig in das begleitende Aufstellungsspiel mit einbezogen. Kinder sind mit all ihren Sinnen und ganzheitlich präsent. Geben Sie den Kindern den Raum für vielseitige und ganzheitliche Erfahrungen. Die Sinnesorgane Augen, Ohren, Hände, Nase, bei jüngeren Kindern auch noch der Mund, sind in das Erleben und Lernen einbezogen. Der Entwicklungsstand und die individuellen Fähig-

Kinder sind Zuhörer, Spielbeobachter und aktive Spielbegleiter.

keiten der Kinder bilden dafür den Rahmen. Anfangs sind die Kinder eher Zuhörer und Spielbeobachter. Je älter und geübter die Kinder sind, umso aktiver wird das sprachbegleitende Spiel und immer umfangreicher können die Kinder darin einbezogen werden:

- Die Farben des Säckchens, der Spielflächen aus Filz, der Materialien werden benannt. Gegenstände werden gezählt, auf ihre Beschaffenheit untersucht und beschrieben (Steine sind rund, eckig, groß, klein, braun ...).
- Gemeinsam mit den Kindern stellen Sie die Spielmaterialien auf (z. B. Zäune, Sitzplätze, Möbel, Bäume, Tiere usw.).
- Aktionen und Handlungen werden vielseitiger und länger (z. B. machen die Tiere mehr oder es kommen noch andere Akteure dazu).
- Kinder können die Geschichte und das begleitende Spiel um weitere Handlungsszenen verlängern: Jedes Kind kann/darf kreativ etwas anderes, neues mit dem Akteur spielen und dieses Tun gemäß seinem Sprachvermögen begleiten und beschreiben, z. B.: „Was kann der Waschbär noch alles machen?“ (springt über die Steine, setzt sich auf die Steine, läuft um die Steine herum usw.).
- Kinder können die Handlung akustisch mit ihrer Stimme, mit den „körpereigenen Instrumenten“ (Orff) begleiten und ausgestalten.
- Kinder können mit dem Säckcheninhalt eine neue Geschichte erfinden und spielen.
- Kinder können die Geschichte oder einzelne Szenen anderen Kindern vorspielen.

Zeitlicher Ablauf der Geschichte

Das praktische Arbeiten findet in fünf Schritten statt:

- **Ankommen**
- **Begrüßen**
- **Geschichtensäckchen und Inhalt vorstellen**
- **Geschichte erzählen und sprachlich begleiten**
- **Beenden und Verabschieden**

Ankommen

Gespielt wird auf dem Boden. Die Kinder sitzen auf Sitzmatten oder Sitzkissen. Rituale und Regeln geben dem Spiel mit den Geschichtensäckchen einen schönen Rahmen. Die Kinder setzen sich im Kreis auf den Boden. Die Geschichtendecke aus Filz wird auf dem Boden ausgebreitet.

Begrüßen

Mit einem Begrüßungslied oder Sprechspiel und/oder mit einer Handpuppe werden alle Kinder angesprochen und begrüßt.

Lieder:
„Hallo Ida, hallo Ida, bist du da? Bist du da?"
(Melodie: „Bruder Jacob", trad.)

„Hallo Kinder, hallo Kinder, seid ihr da? Seid ihr da? Komm(t) wir wollen spielen, mit dem Säckchen spielen, ja, ja, ja, ja, ja, ja!"
(Reihum werden alle Kinder begrüßt.)

„Ja, ja, ja, wir sind jetzt alle da."
(Melodie von: Ri-ra-rutsch ..., trad.)
Die Ida ist da, die Yuna ist da, der Benjamin ist da, die Mathilda ist da, die Talisha ist da, der Elias ist da, die Esra ist da, die Blessing ist da ..."
(Sprechspiel)
„Ja, ja, ja, wir sind jetzt alle da."
(Melodie von: Ri-ra-rutsch ..., trad.)

Einzelne Schritte bilden den Rahmen für das Sprachspiel mit den Säckchen.

Sprechspiel:
„Wir klatschen laut, wir stampfen laut, wir strampeln mit den Füßen.
Wir klatschen leis, wir stampfen leis, wir wollen uns begrüßen.
Hallo Kinder, seid ihr da? Dann ruft jetzt ganz laut: „Jaaaaaa!“

Geschichtensäckchen und Inhalt vorstellen

Das Geschichtensäckchen wird auf die Geschichtendecke (gut sichtbar für alle Kinder) gelegt. Je jünger die Kinder Ihrer Zielgruppe sind, desto gezielter und kürzer können Sie die Geschichtensäckchen vorstellen, z. B.:

„Hier habe ich die gelbe Geschichtendecke ausgebreitet. Für euch habe ich heute ein buntes Geschichtensäckchen mitgebracht. Es hat die Farben … In diesem Säckchen sind viele Spielsachen eingepackt, z. B. Tiere, Bäume Bausteine … Mit diesem Säckchen und diesen Spielsachen möchte ich euch heute die Geschichte von … erzählen und sie mit euch spielen.“

Entsprechend der Zielgruppe können dabei schon Sprach- und Sinneserfahrungen gemacht werden, die sich auf das Säckchen beziehen:

Stoffsäckchen und Säckcheninhalt bieten umfangreiche Anlässe für Sprach- und Sinneserfahrungen.

- Die Säckchenfarbe benennen, den Säckcheninhalt befühlen und beschreiben.
- Die Spielflächen aus Filz beschreiben und auf der Spielfläche anordnen.
- Die Figuren und Materialien aus dem Säckchen herausholen und den Kindern vorstellen:
  „Ich lege jetzt alles, was wir für die Geschichte benötigen, auf die große Geschichtendecke. Hier ist … Dann zeige ich euch, wer in dieser Geschichte mitspielt und erzähle euch die Geschichte dazu: die Enten-Mama, der …“

Geschichte erzählen und sprachlich begleiten

Die Handlung der Geschichte wird unter der altersgerechten Einbeziehung der beteiligten Kinder erzählt, aufgestellt und gespielt. Schmücken Sie dabei diesen Text mit den erzählenden Handlungen, Monologen und Dialogen der Akteure die Geschichte aus. Untermalen Sie mit Lauten das Geschehen.

Beenden und Verabschieden

Ist die gespielte Geschichte fertig erzählt, werden (mit einem Ritual) die Materialien in das Säckchen eingeräumt. Die Kinder werden mit einem Sprechspiel, Abschiedslied und/oder mit der Handpuppe verabschiedet (optional).

Gleichbleibende Rituale geben Sicherheit und Orientierung beim spielerischen Spracherwerb.

Sprechspiel
„Mi-Ma-Maus, die Geschichte ist jetzt aus“
(langsam sprechen und dazu klatschen)
„Hallo, hallo, wir klatschen und sind froh.
Wir schütteln uns're Hände und wackeln mit dem Po.
Wir stehen auf, das Spiel war schön.
Wir stampfen los, ihr könnt es sehn.
Säckchen mach es gut, auf Wiedersehn!“

(Die Kinder sprechen und spielen dazu die einzelnen Szenen.)

Verhaltensregeln für den/die begleitende/n Pädagogen/in

- Beziehen Sie die Kinder bestmöglich in die spielbegleitende Handlung der Geschichte mit ein.
- Benennen Sie alle Gegenstände und Dinge, die während des Arbeitens einbezogen sind.
- Erklären Sie alle unbekannten Gegenstände bzw. lassen Sie die Kinder diese erklären.
- Ermutigen Sie die Kinder zum Sprechen. Ganz gleich, in welcher Form sich ihre sprachlichen Äußerungen zeigen.
- Werten Sie auf keinen Fall die sprachlichen Äußerungen der Kinder ab. Äußerungen wie „Das ist nicht gut.", „Das ist falsch." etc. gehören nicht hierher.
- Nehmen Sie die Kinder wertschätzend in ihrer Wortwahl, mit ihren Fähigkeiten und in ihrem kreativen Umgang mit der Sprache an.
- Lassen Sie die Kinder ausreden.
- Korrigieren Sie nicht, sondern sprechen und wiederholen Sie unkommentiert grammatikalisch richtig.
- Berücksichtigen Sie den Entwicklungsstand des einzelnen Kindes. Alle gemachten sprachlichen Äußerungen sind richtig, auch wenn das Kind „nur" mit einem Wort oder grammatikalisch falsch spricht.
- Akzeptieren Sie, dass sich manche Kinder verweigern und sich nur passiv, d. h. hörend beteiligen. Auch das ist eine Beteiligung.
- Erstellen Sie bestimmte Regeln für das gemeinsame Tun (unterschiedlich bei jüngeren oder älteren Kindern):

Regeln unterstützen die Arbeit des/der Pädagogen/in.

  - Jedes Kind hat seinen Sitzplatz.
  - Jedes Kind hört zu, wenn erzählt wird.
  - Jedes Kind darf ausreden.
  - Jedes Kind darf mit jedem Gegenstand des Säckchens spielen und dabei erzählen.
  - Spielmaterialien werden anderen Kindern nicht abgenommen.
  - Materialien werden am Ende wieder in das Säckchen zurückgeräumt.

Wie kann ich die Eltern in die Arbeit mit Geschichtensäckchen einbinden?

Integration der Eltern schafft Vertrauen und bietet Ressourcen.

Auch in die Arbeit mit den Geschichtensäckchen können Sie die Eltern Ihrer Einrichtung integrieren und sie daran teilhaben lassen. Eltern sind beruhigter, entspannter und verhalten sich Ihnen gegenüber wertschätzender, je offener Sie Ihre Arbeit gestalten und wenn sie aktiv oder durch Informationen in die Arbeit mit ihren Kindern einbezogen werden. Viele Eltern freuen sich über neue und schöne Spielanregungen mit ihren Kindern. Anhand der Geschichtensäckchen können Sie den Eltern zeigen, wie die sprachliche Entwicklung ihrer Kinder abläuft und sich schrittweise entwickelt, und wie Sie in Ihrer Einrichtung Sprachförderung aufgreifen, unterstützen und fördern. Wie vielseitig und intensiv Sie das gestalten, hängt von den Rahmenbedingungen Ihrer Einrichtung ab. Im Folgenden möchte ich Ihnen einige Vorschläge dazu unterbreiten:

- Ein Elternabend oder Spielnachmittag bietet die Möglichkeit, aktiv mit den Eltern Geschichtensäckchen zu erleben.
- Geben Sie alle nötigen Informationen zur Arbeit mit den Säckchen weiter.
- Filmen Sie das Arbeiten der Kinder mit den Säckchen und stellen Sie dies den Eltern vor.
- Stellen Sie Säckchen praktisch vor und lassen Sie die Eltern damit experimentieren und eigene Erfahrungen sammeln.
- Bitten Sie die Eltern um Materialspenden und Stoffspenden.
- Bitten Sie um Unterstützung beim Nähen der Säckchen.
- Geben Sie den Eltern die Geschichtentexte mit nach Hause. Zu Hause können die Geschichten nachgespielt werden.
- Übersetzen Sie oder lassen Sie mithilfe der Eltern die Geschichten in andere Sprachen übersetzen.

Geschichtensäckchen für Kinder mit Migrationshintergrund

Für Kinder mit Migrationshintergrund und für das Erlernen einer Zweitsprache eignen sich Geschichtensäckchen besonders gut. Diese einfache Spielform ist gleichfalls sowohl für jüngere als auch für ältere Kindergartenkinder sehr gut zum Erlernen einer Zweitsprache geeignet. Sowohl das Sprachverstehen als auch der Spracherwerb werden damit gefördert. Neben dem Erlernen des sprachbezogenen Wortschatzes lernt das Kind über das Hören die Sprachmelodie, den Sprachrhythmus und das Sprachtempo mit allen weiteren typischen Komponenten dieser neu zu erlernenden Sprache (Lautbildung, sprachlicher Aufbau und Zusammensetzung, Regeln der Sprache). Dabei können Sie bestimmte Themen in den Fokus stellen, die Säckchen entsprechend füllen und die Geschichten darauf abstimmen. Zum Beispiel werden so alltägliche Ereignisse zu Geschichten (Einkaufen, Essen, Tisch decken, Tagesablauf, Körperpflege, Freundschaften usw.) Entsprechend Ihrer Zielgruppe können Sie den Schwierigkeitsgrad und den Umfang der Geschichte ganz gezielt gestalten und auf Ihre individuelle Situation abstimmen. Der einfache Text der Säckchengeschichte kann gleichfalls in andere (mehrere) Sprachen übersetzt werden. Gleichzeitig können Sie die Eltern der Kinder als passive Zuschauer in diese leichte Form des Spracherwerbs mit einbeziehen. Die Geschichtentexte können kopiert und in vergrößerter Schriftform für ältere Kinder zur Leselernhilfe umfunktioniert werden. Das sprachbegleitende Spiel macht hier den Inhalt erlebbar und stellt die Beziehung von Sprache und Begriffsbedeutung her.

Sprachverstehen und Spracherwerb werden bei Kindern mit Migrationshintergrund spielerisch gefördert.

Handhabung der Geschichten im Praxisteil

Die vorliegenden Praxisbeispiele können von Ihnen so übernommen werden. Sie können jedoch jederzeit die Handlungsträger auf Ihre Situation oder auf Ihr vorhandenes Material abstimmen sowie den Geschichtenverlauf abändern oder umformulieren. Aus dem Pferd wird eine Ziege, aus dem Fuchs ein Wolf, aus einem einzelnen Tier wird eine Familie, aus den Tieren werden menschliche Figuren usw.

Dargestellte Familienstrukturen können Sie auf Ihre Situationen in Ihrer Einrichtung anpassen. Eine Familie muss nicht die traditionelle Form von Vater, Mutter und Kind/ern haben. Bringen Sie Ihre Familiensituationen in Ihre Geschichten ein: Mutter und Kind(er), Vater und Kind(er), Patchworkfamilien, gleichgeschlechtliche Elternpaare mit Kind(ern).

Die im Praxisteil vorgestellten Geschichten richten sich in ihrem Umfang und in ihrem Inhalt an Kinder im Alter von 1 bis ca. 4 Jahren. Da es in dieser Altersgruppe alters- und entwicklungsbedingte Unterschiede bei den Kindern gibt, sind diese bei der Auswahl der hier angeführten Geschichten zu berücksichtigen. Für jüngere Kinder können Geschichten gekürzt und/oder auf einen Handlungsträger reduziert werden. Für ältere Kinder können sie mit zusätzlichen Akteuren/Handlungen erweitert und ausgebaut werden.

Handlungen erweitern: Tiere trinken Wasser, übernachten im Schuppen, spielen miteinander usw.

Zusätzliche Akteure: andere Tiere kommen ebenfalls auf die Weide: Kätzchen, Igel, Enten auf den Teich, Bäuerin, Kinder am Zaun usw. und erweitern dadurch den Handlungsraum, bzw. lassen eine neue Geschichte daraus entstehen. Ein Beispiel dafür ist die Geschichte „Die Tiere auf der Weide“ (s. S. 42). Diese Basisgeschichte ist zu „Die Kühe im Regen“ (s. S. 44) erweitert worden.

Die Geschichten im Praxisteil können auf die entsprechende Zielgruppe abgestimmt werden.

Bei dieser Arbeit wünsche ich Ihnen viel Freude!

Monika Wieber

Praxisteil

Geschichtensäckchen zur Begrüßung

Guten Morgen Ida!

Material: Geschichtendecke; Säckchen mit Text, Hase, Hund, Ente, Maus, Frosch und Schäfchen (und weiteren nach Wahl) als Kuscheltiere

Ankommen

s. S. 17

Begrüßen

Sprechspiel oder Lied (s. S. 17)

Geschichtensäckchen und Inhalt vorstellen

Das ist unsere gelbe Geschichtendecke. (Decke hinlegen) *Das ist unser Geschichtensäckchen mit der Geschichte: „Guten Morgen Ida!". In dieser Geschichte spielen mit: Häschen, Hündchen, Entchen, Mäuschen, Fröschchen, Schäfchen ..."* (nacheinander spielbegleitend aus dem Säckchen holen)

Geschichte erzählen und sprachlich begleiten

Der kleine Hase Hoppelhopp,
der kommt ganz schnell zu dir, der kommt ...
„Guten Morgen Ida, wie geht es dir?
Ich schnuppere an deinem Zeh ...,
ich schnuppere an deinem Bein ...

Ich schnuppere an deinem Bauch ...
Ei wie fein!"

Das kleine Hündchen Struwwelstrupp ...
(s. S. 24 unten)
Ich schnuppere an ... (s. S. 24 unten)

Das kleine Entchen Quakelquaak ...
(s. S. 24 unten)
Ich schnuppere an ... (s. S. 24 unten)

Das kleine Mäuschen Strippelstripp ...
(s. S. 24 unten)
Ich schnuppere an ... (s. S. 24 unten.)

Fröschchen Quaakdiquaak ..., Schäfchen Mädimäh ..., Schweinchen Grunzequiek ..., Äffchen Schnupsdiwupp..., Bärchen Brummdibrumm ...,

Wenn dann die Tiere müde sind,
dann gehen sie nach Haus.
Dann kriechen sie ins Säckchen rein,
die Geschichte ist jetzt aus.
Das Häschen geht nach Haus ..., das Hündchen geht nach Haus ..., das Entchen ...

Spielform

Die Tiere begrüßen jedes Kind mit seinem Namen und schnuppern an den benannten Körperteilen. Je nach Interesse und Ausdauer der Kinder werden entsprechend viele Tiere in das Säckchen gepackt. Am Ende geht wieder jedes Tier einzeln zurück in das Säckchen.

Beenden und Verabschieden

Sprechspiel s. S. 19

Jeden Morgen um halb 7

Material: Geschichtendecke; Säckchen mit Text, Hase, Hund, Katze, Schwein, Ente (und weiteren nach Wahl) als Kuscheltier

Ankommen

s. S. 17

Begrüßen

Sprechspiel oder Lied (s. S. 17)

Geschichtensäckchen und Inhalt vorstellen

Das ist die gelbe Geschichtendecke. (Decke hinlegen) *Das ist unser Geschichtensäckchen mit der Geschichte „Jeden Morgen um halb sieben". In dieser Geschichte spielen mit: Häschen, Hündchen, Kätzchen, Schweinchen, Entchen ...* (nacheinander, spielbegleitend aus dem Säckchen holen)

Geschichte erzählen und sprachlich begleiten

Jeden Morgen um halb sieben
wird der kleine Hase wach.
Hoppelt hier hin, hoppelt da hin.
Lieber Jonas: „Guten Tag!"

Jeden Morgen um halb sieben
wird das kleine Hündchen wach.
Streckt die Beinchen, streckt die Pfötchen.
„Wau, wau, wau und guten Tag!"

Jeden Morgen um halb sieben
wird das kleine Kätzchen wach.
Streckt das Schwänzchen, leckt die Pfötchen.
„Miau, miau, miau und guten Tag!"

Jeden Morgen um halb sieben
wird das kleine Schweinchen wach.
Streckt die Öhrchen, ringelts Schwänzchen.
„Quiek, quiek, quiek und guten Tag!"

Jeden Morgen um halb sieben
wird das kleine Entchen wach.
Schnattert laut mit seinem Schnabel.
„Quak, quak, quak und guten Tag!"

Alle Tiere sind gekommen,
schauen zu was du jetzt machst.
Spielen mit dir, schlafen mit dir,
wünschen dir einen schönen Tag.

Hinweis: Weitere Tiere können folgen; Spielform siehe Seite 25.

Beenden und Verabschieden

Sprechspiel s. S. 19

Geschichtensäckchen zum Verabschieden

Auf Wiedersehn!

Material: Geschichtendecke; Säckchen mit Text, Bär, Hund, Schaf, Katze, Maus, Affe (und weiteren nach Wahl) als Kuscheltier

Ankommen

s. S. 17

Begrüßen

Sprechspiel oder Lied (s. S. 17)

Geschichtensäckchen und Inhalt vorstellen

Das ist unsere grüne Geschichtendecke. (Decke hinlegen) *Das ist unser Geschichtensäckchen mit der Geschichte: „Auf Wiedersehn". In dieser Geschichte spielen mit: Bär, Hund, Schäfchen, Kätzchen, Mäuschen, Äffchen …* (Tiere hinsetzen)

Geschichte erzählen und sprachlich begleiten

Jetzt ist es Zeit nach Haus zu gehn,
der Bär sagt dir: „Auf Wiedersehn!"
Er winkt dir mit den Pfoten zu,
nickt mit dem Kopf und brummt dazu: „Brumm, brumm, brumm …"

Jetzt ist es Zeit nach Haus zu gehn,
der Hund sagt dir „Auf Wiedersehn!"
Er winkt dir mit den Pfoten zu,
nickt mit dem Kopf und bellt dazu: „Wau, wau, wau …"

Jetzt ist es Zeit nach Haus zu gehn,
das Schäfchen sagt: „Auf Wiedersehn!"
Es winkt dir mit den Füßen zu
nickt mit dem Kopf und ruft dazu: „Mäh, mäh, mäh …"

Jetzt ist es Zeit nach Haus zu gehn,
das Kätzchen sagt: „Auf Wiedersehn!"
Es winkt dir mit den Pfötchen zu, nickt mit dem Kopf und miaut dazu: „Miau, miau, miau …"

Jetzt ist es Zeit nach Haus zu gehn,
das Mäuslein sagt: „Auf Wiedersehn!"
Es winkt dir mit dem Schwänzchen zu,
nickt mit dem Kopf und piepst dazu: „Pieps, pieps, pieps …"

Jetzt ist es Zeit nach Haus zu gehn,
das Äffchen sagt: „Auf Wiedersehn!"
Es winkt dir mit den Händen zu,
nickt mit dem Kopf und ruft dazu: „Ua, ua, ua …"

Hinweis: Jedes Tier geht am Ende seiner Strophe in das Säckchen. Weitere Tiere können folgen.

Beenden und Verabschieden

Sprechspiel s. S. 19

Geschichtensäckchen mit Liedern und Versen

Die Schnecke Tilda

Material: Geschichtendecke; Säckchen mit Text, Schnecke Tilda, Maus Ottilie, Kohlkopf, Salat, roten Beeren, Petersilie, Radieschen

Ankommen

s. S. 17

Begrüßen

Sprechspiel oder Lied (s. S. 17)

Geschichtensäckchen und Inhalt vorstellen

Das ist unsere grüne Geschichtendecke. (Decke hinlegen) *Das ist unser Geschichtensäckchen mit der Geschichte von der Schnecke Tilda. In dieser Geschichte spielen mit: die Schnecke Tilda, Maus Ottilie, der Kohl, der Kopfsalat, die roten Beeren, die Petersilie, die Radieschen.* (alles zeigen und an den Rand stellen)

Lied singen und sprachlich begleiten

Das Lied singen und dazu die Handlung spielen (Melodie: „Ein Männlein steht im Walde“, trad.).

Die kleine Schnecke Tilda kriecht gern im Garten rum.
Sie sucht etwas zu fressen, ihr Bauch macht „Grumm, brumm, brumm.“

Sie kriecht zu dem grünen Kohl,
frisst den Schneckenbauch sich voll.
Die kleine Schnecke Tilda frisst gerne Kohl!

Die kleine Schnecke Tilda kriecht gern im Garten rum.
Sie sucht etwas zu fressen, ihr Bauch macht „Grumm, brumm, brumm."
Sie kriecht zu dem Kopfsalat,
knabbert dran und frisst sich satt.
Die kleine Schnecke Tilda frisst gern Salat!

Die kleine Schnecke Tilda kriecht gern im Garten rum.
Sie sucht etwas zu fressen, ihr Bauch macht „Grumm, brumm, brumm."
Sie kriecht zu den roten Beeren,
isst davon, ihr könnt es hören.
Der kleinen Schnecke Tilda schmecken rote Beeren!

Die kleine Schnecke Tilda kriecht gern im Garten rum.
Sie sucht etwas zu fressen, ihr Bauch macht „Grumm, brumm, brumm."
Sie kriecht zu der Petersilie
und trifft dort die Maus Ottilie.
Tilda und Ottilie fressen Petersilie!

Die kleine Schnecke Tilda kriecht gern im Garten rum.
Sie sucht etwas zu fressen, ihr Bauch macht „Grumm, brumm, brumm."
Sie kriecht schnell zu den Radieschen,
riecht daran und nagt ein bisschen.
Nagt daran und frisst sich satt
und ist dick und rund und platt!

Beenden und Verabschieden

Sprechspiel s. S. 19

Der kleine bunte Omnibus

Material: Geschichtendecke; Säckchen mit Text, Omnibus, Kuh, 2 Kälbchen, 2 Gänsen, Filz in Beige (Straße), Filz in Grün (Wiese), Filz in Braun (Berg), Filz in Blau (See), Bäumen, Häusern, Zeitungspapier, geknäult und Stein

Ankommen / Begrüßen

Sprechspiel oder Lied (s. S. 17)

Geschichtensäckchen und Inhalt vorstellen

Das ist unsere weinrote Geschichtendecke. (Decke hinlegen) *Das ist unser Geschichtensäckchen mit der Geschichte vom kleinen Omnibus. In dieser Geschichte spielen mit: der kleine Omnibus, Kuh und Kälbchen, Gänse.* (alles zeigen und an die Seite stellen) *Hier ist die Straße, auf der der kleine Omnibus fährt.* (Filzstraße hinlegen) *Hier ist die Wiese, an der der Omnibus vorbei fährt.* (Wiesenfilz hinlegen) *Das ist die Kuh mit den zwei Kälbchen auf der Wiese.* (Kuh und Kälbchen hinstellen) *Da ist der See mit den beiden Gänsen.* (Seefilz und Gänse hinstellen) *Da ist der Berg, über den die Straße führt* (Bergfilz über zerknülltes Zeitungspapier, darüber Straße legen) *Hier ist der Stein, der die Straße blockiert.* (Stein auf Straße legen)

Geschichte erzählen und sprachlich begleiten

Der kleine bunte Omnibus fährt fröhlich in die Welt. Der kleine bunte Omnibus fährt hin, wo's ihm gefällt.– Brumm brumm, brumm, tüüt, tüüt, tüüt, brumm, brumm, brumm, tüüüt, tüüüt, tüüüt.
Er hält an einer grünen Wiese, darauf grast die Kuh. Ein kleines Kälbchen ist auch da und ruft ganz laut. „Muuuuuh!" – Brumm ... (s. o.) Dann fährt er fröhlich weiter auf der großen grauen Straße. Der Motor rattert, knattert laut, der Wind bläst um die Nase. – Brumm ... (s. o.)

Den Berg hinauf, oje, wie steil, ganz langsam gehts voran. Jedoch gehts dann ins Tal hinab, fährt er so schnell er kann. – Brumm ... (s. o.)

Vorbei an einem blauen See, zwei Gänse sind zu sehn. Sie schnattern laut und aufgeregt: „Machs gut! Auf Wiedersehn!"– Brumm ... (s. o)

Ein großer Stein versperrt den Weg, die Straße hört hier auf. „Dann bleibe ich jetzt einfach hier, ruh mich vom Fahren aus!"– Brumm ... (s. links)

Dort steht der bunte Omnibus und findet endlich Ruh. Der Motor aus, die Türen auf, er schläft, das hörst auch du: „Chrrr – sch – sch, chrrr – sch – sch, chrrr und tschi-tschi-büüüü, chrrr – sch – sch, chrrr – sch – sch, chrrr und tschi-tschi-büüüü. Und als wieder aufgewacht, dann rappelt er sich auf. Die Türen zu, den Motor an: „Tüt tüt, jetzt gehts nach Haus'". – Brumm ... (s. links oben)

Beenden und Verabschieden

Sprechspiel s. S. 19

Geschichtensäckchen mit Tiergeschichten

Die Tiere auf dem Bauernhof

Material: Geschichtendecke; Säckchen mit Text, Filz in Grün (Wiese), Filz in Blau (Teich), Bauernhaus, Bäumen, Bauer und Bäuerin, Hofhund, Kuh und Kälbchen, Pferd und Fohlen, Schwein, zwei Ferkeln, Katze

Ankommen

s. S. 17

Begrüßen

Sprechspiel oder Lied (s. S. 17)

Geschichtensäckchen und Inhalt vorstellen

Das ist unsere grüne Geschichtendecke. (Decke hinlegen) *Das ist unser Geschichtensäckchen mit der Geschichte vom Bauernhof. In dieser Geschichte spielen mit: Bauer und Bäuerin, Hofhund, Kuh, Kälbchen, Pferd, Fohlen, Schwein, zwei Ferkel, Katze.* (alle Figuren zeigen und an den Rand stellen)

Geschichte erzählen und sprachlich begleiten

Das ist eine große grüne Wiese. (grünen Wiesenfilz hinlegen) *Auf der Wiese ist ein kleiner See.* (Teichfilz hinlegen)

Hier steht das Bauernhaus. (Haus hinstellen) *Neben dem Bauernhaus stehen grüne Bäume.* (Bäume aufstellen) *In diesem Bauernhaus wohnen der Bauer und die Bäuerin.* (Bauer und Bäuerin hinstellen) *Hier kommt der große Hofhund Baltasar. Er lebt mit dem Bauern und der Bäuerin auf dem Hof.* (Hund hinstellen)

Auf dem Bauernhof leben noch viele andere Tiere: Hier kommt die Kuh mit ihrem Kälbchen. „Muh, muh, muh!“, rufen beide und laufen auf die Wiese. (Kühe hinstellen) *Hier kommt ein braunes Pferd mit seinem braunen Fohlen. „Wiehhhh, wiehhh ...!“, rufen beide, und laufen auf die Wiese.* (Pferde hinstellen)

Die schwarze Katze Matti läuft schnell zur Bäuerin. Hinter ihr kommt ein rosa Schwein mit seinen zwei kleinen rosa Ferkeln „Quiiiiek, quiiiek, quiiiek!“, rufen alle drei und laufen auf die Wiese. (Schweine und Katze hinstellen)

Wenn es abends dunkel wird, gehen alle Tiere in ihren Stall. Zuerst gehen die Kuh und das Kälbchen ... (Nacheinander gehen alle zu dem Bauernhaus, bzw. zurück in das Säckchen.)

Hinweis: Für ältere Kinder kann die Geschichte mit weiteren Tieren ausgebaut werden.

Beenden und Verabschieden

Sprechspiel s. S. 19

Pferde auf der Wiese

Material: Geschichtendecke; Säckchen mit Text, Filz in Grün (Wiese), Filz in Blau (See), Bauernhaus, Pferd, Fohlen

Ankommen

s. S. 17

Begrüßen

Sprechspiel oder Lied (s. S. 17)

Geschichtensäckchen und Inhalt vorstellen

Das ist unsere grüne Geschichtendecke. (Decke hinlegen) *Das ist unser Geschichtensäckchen mit der Geschichte von den Pferden auf der Wiese. In dieser Geschichte spielen mit: Pferd und Fohlen. (Basisgeschichte)* (Tiere zeigen)

Geschichte erzählen und sprachlich begleiten

Hier ist eine große grüne Wiese. (grünen Wiesenfilz hinlegen) *Hier steht das Bauernhaus.* (Bauernhaus aufstellen) *Auf der Wiese ist ein kleiner See.* (blauen Seefilz hinlegen) *Um die Wiese herum ist ein Zaun.* (mit Bausteinen einen Zaun bauen) *Wir lassen ein Tor, durch das die Tiere auf die Wiese gehen können.*

Zuerst kommt das große Mama-Pferd (Stute) auf die Wiese gelaufen. „Trapp, trapp, trapp." (Pferd kommt) *Das kleine Fohlen folgt ihm. „Wiehhhh, wiehhh. Ich will auch auf diese Wiese!"* (Fohlen kommt) *Das große Pferd und das kleine Fohlen laufen auf der Wiese herum. „Wiehhhh, wiehhh!", ruft das kleine Fohlen. „Das macht großen Spaß!"* (Pferd und Fohlen laufen herum) *Das große Pferd frisst Gras. Das kleine Fohlen trinkt Milch bei seiner Mama. „Komm, wir laufen zu dem Zaun!", sagt das Mama-Pferd zu dem kleinen Fohlen.* (Handlungen nachspielen)

Dort schnuppern beide an dem Zaun „Hmmm, wie der riecht!" „Mama, ich will jetzt am Zaun entlanglaufen!", sagt das kleine Fohlen. Das Fohlen läuft los und das Mama-Pferd folgt ihm. Dann sind beide Pferde müde. Das große Pferd legt sich ins Gras und ruht sich aus. Das kleine Fohlen legt sich dazu und ruht sich aus. (Handlungen nachspielen)

Hinweis: Für jüngere Kinder kann diese Geschichte hier beendet sein. Für ältere und geübtere Kinder kann sie in einzelnen Schritten erweitert und ausgebaut werden:

- Der Bauer kommt mit Hofhund auf die Wiese, schaut nach den Pferden.
- Der Bauer bringt zwei weitere Pferde auf die Wiese.
- Ein Kätzchen kommt auf die Wiese gelaufen.
- Eine Gänsefamilie kommt zum kleinen See.
- Frösche sitzen am See und hüpfen in das Wasser.

Beenden und Verabschieden

Sprechspiel s. S. 19

Die Entenfamilie auf dem See

Material: Geschichtendecke; Säckchen mit Text, Filz in Grün (Wiese), Filz in Blau (See), Entennest, Bäumen, Blumen, Entenfamilie, Igel

Ankommen

s. S. 17

Begrüßen

Sprechspiel oder Lied (s. S. 17)

Geschichtensäckchen und Inhalt vorstellen

Das ist unsere grüne Geschichtendecke. (Decke hinlegen) *Das ist unser Geschichtensäckchen mit der Geschichte von der Entenfamilie auf dem See. In dieser Geschichte spielen mit: der Entenpapa, die Entenmama, drei Entchen, ein Igel.* (zeigen und an den Rand stellen)

Geschichte erzählen und sprachlich begleiten

Hier ist eine große grüne Wiese. (grünen Wiesenfilz hinlegen) *Auf der Wiese ist ein kleiner See.* (blauen Seefilz hinlegen) *Am Rande der Wiese stehen einige Bäume.* (Bäume aufstellen) *Dort ist auch das Nest der Entenfamilie.*

(Nest hinlegen) *Hier leben drei kleine Entchen mit ihren Enteneltern. Die kleinen Entchen sitzen in ihrem Nest. Die beiden Enteneltern sind bei ihnen. „Quak, quak!“, rufen sie.* (Enten ins Nest setzen)

Jeden Tag gehen alle Enten auf den See schwimmen. Zuerst geht der Entenvater.„Quak, quak, quak!“, schnattert er und läuft zu dem Teich. Er springt in das Wasser. „Kommt Kinder!“, ruft er seinen Entenkindern zu. „Wir schwimmen zusammen auf dem Wasser.“ (Entenvater (Erpel) geht zum See.)
Dann kommen die drei Entenkinder hinterher. „Quak, quak, quak!“, schnattern sie. „Wir kommen!“. Die Entenkinder watscheln zum See. Sie hüpfen in das Wasser. (Handlungen entsprechend nachspielen)
Zuletzt kommt die Entenmutter. „Quak, quak, quak, ich komme auch! Ich gehe nicht ins Wasser. Ich will hier auf der Wiese Futter suchen.“ (Entenmutter kommt)

Die Entenkinder schwimmen auf dem See. Manchmal tauchen sie ihre Köpfchen ins Wasser. Dann ist nur noch ihr Schwänzchen zu sehen. (Entenkinder schwimmen und tauchen) *Der Entenpapa geht aus dem Wasser auf die Wiese. „Hier will ich auch Gras fressen“, sagt er.* (Erpel frisst Gras)

Ein kleiner Igel sitzt auf der Wiese und schaut ihnen dabei zu. (Igel hinstellen)
Dann kommen die kleinen Entchen aus dem Wasser. „Quak, quak, wir spielen auf der Wiese.“ (Entchen spielen auf der Wiese)

Abends werden die kleinen Entchen müde. Alle gehen zurück zu ihrem Nest. Zuerst die Entenmama, dann die Entenkinder, dann der Entenpapa. (Alle gehen zum Nest.) *Die Entenkinder kuscheln sich ins Nest. Mama kommen auch dazu. „Quak, quak, quak, das war ein schöner Tag!“, sagen sie. Dann schlafen alle ruhig ein.* (Alle schlafen im Nest.)

Beenden und Verabschieden

Sprechspiel s. S. 19

Die Schweine suhlen sich im Matsch

Material: Geschichtendecke; Säckchen mit Text, Filz in Grün (Wiese), Filz in Blau (See), Bauernhaus, Bäumen, 3 kleinen und 2 großen Schweinen, Entenmutter, 3 Entchen

Ankommen

s. S. 17

Begrüßen

Sprechspiel oder Lied (s. S. 17)

Geschichtensäckchen und Inhalt vorstellen

Das ist unsere grüne Geschichtendecke. (Decke hinlegen) *Das ist das Geschichtensäckchen mit der Geschichte von den Schweinen im Matsch. In dieser Geschichte spielen mit: drei kleine Schweinchen, zwei große Schweine, die Entenmutter, drei Entchen.* (zeigen und an den Rand stellen)

Geschichte erzählen und sprachlich begleiten

Das ist die grüne Wiese. (Wiesenfilz hinlegen) *Auf der Wiese ist ein kleiner See.* (blauen Filzsee hinlegen) *Am Rande der Wiese wachsen Bäume.* (Bäume aufstellen) *Hier steht der Bau-*

ernhof. (Bauernhof aufstellen) *Um die Wiese ist ein Zaun.* (Zaun aufstellen) *Auf dem See schwimmen drei kleine Entchen. „Quak, quak, quak!", rufen sie. „Es ist schön auf dem Wasser zu schwimmen!"* (Entenkinder auf den Filz stellen) *Die Entenmutter schaut ihren Kindern vom Ufer aus zu.* (Entenmutter hinstellen)

Zwei große Schweine kommen auf die Wiese. „Quiek, quiek, quiek. Wir wollen schnell zum See!", rufen sie. „Wir wollen Wasser trinken und uns im Matsch wälzen." (große Schweine kommen nacheinander)

Die kleinen Entchen erschrecken sich und schwimmen ans Ufer. Schnell laufen sie zu ihrer Entenmutter. (Enten aus dem Teich herausnehmen und zur Ente stellen) *Dann kommen drei kleine Schweinchen angelaufen. „Quiek, quiek, quiek. Wir wollen hier fressen und spielen und trinken!", rufen sie. Schnell laufen sie zu den anderen Schweinen an den See. „Hm, schmeckt das Wasser gut."* (kleine Schweine kommen nacheinander)

„Jetzt wollen wir uns in der Matschepampe wälzen. „Quiek, quiek, quiek." Alle Schweine gehen ins Wasser und wälzen sich im Matsch herum. Die großen Schweine, dann die kleinen Schweine. (Schweine wälzen sich)

„Jetzt sind wir sehr müde", sagen die kleinen Schweinchen. „Kommt, wir ruhen uns unter den Bäumen aus." Zuerst kommen die kleinen Schweinchen, dann die großen. (Schweine gehen nacheinander zu den Bäumen) *Ein großes Schwein legt sich zu den kleinen Schweinchen in den Schatten.* (großes Schwein zu den kleinen stellen) *„Ich will hier mit meiner Schnauze in der Erde wühlen!", sagt das andere große Schwein. „Ich suche hier etwas zu fressen."* (Schwein wühlt weiter in der Erde.) *Dann geht auch das große Schwein zu den anderen Schweinen und legt sich unter den Bäumen in den Schatten.*

Beenden und Verabschieden

Sprechspiel s. S. 19

Die Kühe auf der Weide

Material: Geschichtendecke; Säckchen mit Text, Filz in Grün (Wiese), Filz in Blau (See), Zaunbausteinen, Bäumen, Hütte, Bauer, 2 Kühen, 3 Kälbchen, Täubchen

Ankommen

s. S. 17

Begrüßen

Sprechspiel oder Lied (s. S. 17)

Geschichtensäckchen und Inhalt vorstellen

Das ist unsere grüne Geschichtendecke. (Decke hinlegen) *Das ist das Geschichtensäckchen mit der Geschichte von den Kühen auf der Weide. In dieser Geschichte spielen mit: der Bauer, zwei Kühe, drei Kälbchen, ein Täubchen* (alle Figuren zeigen und an den Rand stellen)

Geschichte erzählen und sprachlich begleiten

Das ist die grüne Weide für die Tiere. (Wiesenfilz hinlegen) *Auf der Weide ist ein kleiner See.* (Seefilz hinlegen) *Um die Weide herum ist ein Zaun.* (Zaun aufstellen) *Am Rande der Weide stehen Bäume.* (Bäume hinstellen) *Am Rande der Weide steht eine Schutzhütte für die Tiere.* (Hütte hinstellen) *Das ist der Bauer.* (Bauern hinstellen) *Jeden Morgen bringt der Bauer die Kühe mit ihren Kälbchen auf die Weide.* (Bauer bringt nacheinander die Kühe)

Zuerst bringt er die braun-weiß gefleckte Mutter-Kuh. „Muh, muh!", ruft die Kuh und geht auf die Weide. Das kleine Kälbchen folgt ihr. „Muh, muh, muh!", ruft es. „Warte auf mich. Ich kann nicht so schnell laufen!"

Dann bringt er die schwarz-weiß gefleckte Mutter-Kuh. „Muh, muh!", ruft die große Kuh. „Ich bin gerne hier auf der Weide." Sie springt mit einigen großen Sätzen auf der Weide herum. „Muh, muh, muh!", rufen die zwei kleinen Kälbchen. „Wir kommen auch noch. Wir wollen auch zu dir auf die Weide und auf der Wiese herumrennen", rufen sie. Schnell laufen sie zu ihrer Mama-Kuh. (Die Kuh und die beiden Kälbchen laufen nacheinander auf die Weide)

Der Bauer schließt das Weidentor und geht wieder nach Hause. (Bauer geht) *Ein kleines, weißes Täubchen kommt angeflogen und setzt sich auf das Dach der Hütte. Es schaut den Kühen und Kälbchen beim Fressen zu.* (Täubchen hinsetzen) *Die beiden großen Kühe fressen das grüne Gras. „Hmmm, das schmeckt gut!", sagen sie. Die kleinen Kälbchen trinken bei ihren Kuh-Mamas Milch. „Hmmm, das schmeckt gut!", sagen sie. „Muh, muh, muh!"*

Hinweis: Für jüngere Kinder könnte die Geschichte „Die Kühe auf der Weide" heißen und hier zu Ende sein. Für ältere Kinder geht sie weiter:

Die Kühe im Regen

Doch dann bläst der Wind dunkle Wolken heran. Es beginnt zu regnen. Schnell laufen alle Kühe und die Kälbchen in die Schutzhütte. Auch das kleine weiße Täubchen sucht dort Schutz. (Alle gehen in die Hütte.)
Es regnet eine Weile. Alles wird vom Regen nass. Dann hört der Regen auf. Die Sonne scheint wieder warm und trocknet alles. Die Kühe und die Kälbchen kommen aus der Hütte heraus. „Muh, muh, muh!“, rufen sie. „Wir wollen jetzt nach Hause in unseren trockenen Stall.“
Sie gehen an den Zaun und warten dort auf den Bauer. (Kühe gehen zum Zaun.)

Endlich kommt der Bauer. „Ihr habt wohl schon lange auf mich gewartet. Zum Glück seid ihr nicht nass geworden“, sagt er zu ihnen. „Kommt mit zurück in den Stall auf dem Bauernhof.“ Die Kühe und die Kälbchen gehen mit dem Bauern zurück auf den Bauernhof. (alle gehen) *Nur das kleine weiße Täubchen bleibt in der Hütte.* (Täubchen bleibt)

Beenden und Verabschieden

Sprechspiel s. S. 19

Schildkröte Amaya hat Hunger

Material: Geschichtendecke; Säckchen mit Text, Schildkröte, Walnuss, Banane, Wurst, Fliegenpilz, Stein, Zitrone, Schokolade, Käse, Salat

Ankommen / Begrüßen

Sprechspiel oder Lied (s. S. 17)

Geschichtensäckchen und Inhalt vorstellen

Das ist unsere grüne Geschichtendecke. (Decke hinlegen) *Das ist unser Geschichtensäckchen mit der Geschichte von der Schildkröte Amaya. In dieser Geschichte spielt die Schildkröte Amaya mit.* (zeigen und an den Rand stellen)

Geschichte erzählen und sprachlich begleiten

Die grüne Geschichtendecke ist die Wiese. Auf dieser Wiese liegen: Walnuss, Banane, Wurst, Fliegenpilz, Stein, Zitrone, Schokolade, Käse, Salat. Das ist die Schildkröte Amaya. Sie lebt hier im Garten. (Schildkröte kommt) *Die Schildkröte Amaya hat Hunger. Amaya kriecht überall herum. Sie sucht etwas zu fressen.* (Schildkröte kriecht herum)

Amaya findet eine Walnuss. Sie riecht an der Walnuss. „Hm, das riecht wie eine Walnuss.

Eine Walnuss kann ich nicht essen. Die Schale ist zu hart. Da muss ich weitersuchen." (Schildkröte findet Walnuss)

Amaya kriecht weiter und findet eine Banane. Sie riecht an der Banane. „Hm, das riecht wie eine Banane. Eine Banane kann ich nicht essen. Die Banane steckt in der Schale. Die Schale kann ich nicht öffnen. Da muss ich weitersuchen." (Schildkröte findet Banane)

Amaya kriecht weiter und findet eine Wurst. Sie riecht an der Wurst. „Hm, das riecht wie eine Wurst. Eine Wurst will ich nicht essen. Die schmeckt mir nicht. Da muss ich weitersuchen." (Schildkröte findet Wurst)

Amaya kriecht weiter und findet einen Fliegenpilz. Sie riecht an dem Fliegenpilz. „Hm, das riecht wie ein Fliegenpilz. Einen Fliegenpilz kann ich nicht essen. Der Fliegenpilz ist giftig. Da muss ich weitersuchen." (Schildkröte findet Fliegenpilz)

Amaya kriecht weiter und findet einen Stein. Sie riecht an dem Stein. „Hm, das riecht wie ein Stein. Einen Stein kann ich nicht essen. Einen Stein kann niemand essen. Der ist zu hart. Da muss ich weitersuchen." (Schildkröte findet Stein)

Amaya kriecht weiter und findet eine Zitrone. Sie riecht an der Zitrone. „Hm, das

riecht wie eine Zitrone. Eine Zitrone mag ich nicht essen. Die ist zu sauer. Da muss ich weitersuchen." (Schildkröte findet Zitrone)

Amaya kriecht weiter und findet ein Stück Schokolade. Sie riecht an der Schokolade. „Hm, das riecht wie Schokolade. Schokolade mag ich nicht essen. Die ist zu süß. Da muss ich weitersuchen." (Schildkröte findet Schokolade)

Amaya kriecht weiter und findet ein Stück Käse. Sie riecht an dem Käse. „Hm, das riecht wie Käse. Käse darf ich nicht essen. Davon bekomme ich Bauchweh. Da muss ich weitersuchen." (Schildkröte findet Käse)

Amaya kriecht weiter und findet einen grünen Kopfsalat. Sie riecht an dem Salat. „Hm, das riecht wie guter, grüner Salat. Salat schmeckt mir gut. Den werde ich jetzt essen. Jetzt muss ich nicht mehr weitersuchen." (Schildkröte findet Salat.) *Die Schildkröte Amaya frisst sich satt an dem Salat.*

Beenden und Verabschieden

Sprechspiel s. S. 19

Waschbärkind Azra und Igelkind Cosmo

Material: Geschichtendecke; Säckchen mit Text, Filz in Gelb (Sand), Waschbär, Igel, Bäumen, roter Bank, grünem Förmchen, gelbem Sandeimerchen, hellblauem Ball

Ankommen / Begrüßen

Sprechspiel oder Lied (s. S. 17)

Geschichtensäckchen und Inhalt vorstellen

Das ist unsere blaue Geschichtendecke. (Decke hinlegen) *Das ist unser Geschichtensäckchen mit der Geschichte vom Waschbärkind Azra und Igelkind Cosmo. In dieser Geschichte spielen mit: der Waschbär Karl und der Igel Cosmo.* (zeigen und an den Rand stellen)

Geschichte erzählen und sprachlich begleiten

Hier ist ein großer Sandspielplatz. (Filz auslegen) *Dahinter stehen Bäume.* (Bäume aufstellen) *Hier steht eine rote Bank.* (Bank aufstellen) *Im Sand liegen ein grünes Förmchen, ein gelbes Sandeimerchen und ein hellblauer Ball. Da liegen auch einige kleine Steine.* (alles hinlegen)

Waschbärkind Azra kommt und läuft über den Sand. „Das ist schön, in dem weichen Sand zu laufen“, sagt sie. „Der Sand fühlt sich unter meinen Füßen ganz weich an.“ (Waschbär kommt)

„Oh, was liegt denn da? Da sehe ich ein schönes gelbes Eimerchen. Wie riecht denn das? Da muss ich gleich mal dran schnuppern! Hmmm, das riecht nach Erde ... Oh, ich passe ja in das Eimerchen hinein. Da kann ich mich prima verstecken! Huhu, könnt ihr mich noch sehen?“ (Waschbär riecht und versteckt sich in dem Eimerchen.)

Azra kommt wieder aus dem Eimerchen heraus und geht weiter. „Was ist denn das? Da liegt ein grünes Förmchen. Wie riecht das denn? Hmm, das riecht nach Plastik. Was mache ich damit? Ich kann mich auf das Förmchen draufsetzen oder um es herum laufen oder darüber springen...“ (geht zu dem Förmchen, riecht und ...)

„Da liegen auch noch ganz viele Steine. Wie riechen denn die Steine? Hmmm, die riechen gut. Wenn ich mit meiner Pfote über diese Steine streiche, spüre ich, wie glatt sie sind.“ (geht zu den Steinchen, riecht, streicht darüber ...)

Igelkind Cosmo kommt dazu. „Hallo Azra, was machst du denn hier auf dem Spielplatz? Hast du Lust mit mir zu spielen?“, fragt er die kleine Waschbärin. (Igel kommt dazu.) *„Ja, gerne kannst du mit mir spielen“, antwortet ihm Azra. „Da liegt ein hellblauer Ball. Komm, damit können wir beide sehr schön spielen.“* (Beide spielen mit dem Ball.)

Hinweis: Für ältere Kinder kann die Geschichte um weitere Spielaktionen erweitert werden.

Beenden und Verabschieden

Sprechspiel s. S. 19

Die Tiere am Wasserloch

Material: Geschichtendecke; Säckchen mit Text, Filz in Blau (Wasser), Filz in Braun (Höhle), Bäumen, je zwei Elefanten, Giraffen, Zebras, Löwen, Täubchen

Ankommen

s. S. 17

Begrüßen

Sprechspiel oder Lied (s. S. 17)

Geschichtensäckchen und Inhalt vorstellen

Das ist unsere gelbe Geschichtendecke. (Decke hinlegen) *Das ist das Geschichtensäckchen mit der Geschichte von den Tieren am Wasserloch. In dieser Geschichte spielen mit: je zwei Elefanten, Giraffen, Zebras, Löwen, Täubchen.* (zeigen und an den Rand stellen)

Geschichte erzählen und sprachlich begleiten

In der Wüste ist ein großes Wasserloch. (blauen Filz auflegen) *Um das Wasserloch herum stehen Bäume.* (Bäume aufstellen) *Neben dem Wasserloch ist eine Höhle.* (braunen Filz zu Höhle aufbauen)

Jeden Tag kommen die Tiere aus der Savanne an das Wasserloch und trinken Wasser. Zuerst kommen zwei Elefanten und trinken Wasser. „Täräää!", trompeten sie ganz laut. „Wir haben sehr großen Durst und möchten viel Wasser trinken." (Elefanten kommen und trinken)

Zwei Giraffen kommen und trinken Wasser. „Tapp, tapp, tapp." , kommen die Giraffen. „Macht uns Platz am Wasser. Wir möchte hier auch trinken!", rufen sie. (Giraffen kommen und trinken)

Zwei Zebras kommen und trinken Wasser. „Galopp, galopp, galopp." , kommen die Zebras angaloppiert. „Wir haben schon ganz lange nichts mehr getrunken. Wir sind sehr durstig." (Zebras kommen und trinken)

„Uahhhh!", brüllen der Löwe und die Löwin. "Uahhhh. Wir wollen auch trinken." (Löwen kommen und trinken)

Zwei Täubchen kommen angeflogen. Sie setzen sich dicht neben die Löwen und trinken ebenfalls. „Ruckediguh, ruckediguh. Gutes frisches Wasser schmeckt uns gut." (Täubchen kommen und trinken) *Dann fliegen die Tauben schnell auf die Bäume und schauen den anderen Tieren am Wasserloch zu.* (Täubchen fliegen auf die Bäume)

Hinweis: Für jüngere Kinder könnte die Geschichte hier zu Ende sein. Für ältere Kinder geht sie weiter:

Die Elefanten stellen sich in den Schatten der Bäume. Die Giraffen gehen zu den Bäumen. Sie fressen dort von den Blättern. Die Zebras galoppieren weg. Die Löwen legen sich in die Höhle und schlafen.

Beenden und Verabschieden

Sprechspiel s. S. 19

Der kleine Bär Benjamin

Material: Geschichtendecke; Säckchen mit Text und Bär; zweitem Säckchen mit zweitem Bären, Ball, Auto, Bausteinen, Quietsche-Ente, Rassel, Bilderbuch

Ankommen / Begrüßen

Sprechspiel oder Lied (s. S. 17)

Geschichtensäckchen und Inhalt vorstellen

Das ist unsere blaue Geschichtendecke. (Decke hinlegen) *Das ist unser Geschichtensäckchen mit der Geschichte von dem kleinen Bären Benjamin und dem Säckchen. In dieser Geschichte spielen mit: ein schwarzer Bär und ein brauner Bär.* (Tiere zeigen und an den Rand stellen)

Geschichte erzählen und sprachlich begleiten

„Guten Tag!", sagt der kleine Bär Benjamin und kommt aus dem Säckchen heraus. „Ich habe unterwegs ein Säckchen gefunden. Das habe ich mitgebracht. Ich hole es jetzt aus dem großen Säckchen heraus." (Bär Benjamin holt kleines Säckchen heraus.) *„Jetzt bin ich neugierig, was in diesem Säckchen steckt. Ich schaue jetzt hinein. Schaut einmal, ich habe einen roten Ball gefunden. Diesen Ball kann ich rollen."* (Ball zeigen und rollen) *„Ich schaue noch einmal in das Säckchen hinein. Ich habe ein grünes Auto*

gefunden. Das Auto kann fahren. Brmmm, brmmm, brmmm …“ (Auto holen und damit fahren)

„Ich schaue noch einmal in das Säckchen hinein. Ich habe bunte Bausteine gefunden. Mit den Bausteinen baue ich einen Turm.“ (Bausteine holen und einen Turm bauen)

„Ich schaue noch einmal in das Säckchen hinein. Ich habe eine Quietsche-Ente gefunden. Die Ente kann quietschen.“ (Ente holen und quietschen lassen)

„Ich schaue noch einmal in das Säckchen hinein. Ich habe eine Rassel gefunden. Mit der Rassel kann ich rasseln.“ (Rassel holen und rasseln)

„Ich schaue noch einmal in das Säckchen hinein. Ich habe ein Bilderbuch gefunden. Das Buch kann ich ansehen.“ (Buch holen und ansehen)

„Ich schaue noch einmal in das Säckchen hinein. Ich habe einen anderen Bären gefunden. Das ist mein Freund Marte. Der hatte sich in dem Säckchen versteckt. Mit Marte kann ich schmusen.“ (anderen Bären holen und schmusen) *„Jetzt können wir beide wieder alles zurück in das Säckchen geben: Zuerst den Ball, dann …“* (alles wieder ins Säckchen legen, dabei die Reihenfolge wie beim Auspacken einhalten)

Hinweis: Die Geschichte kann altersentsprechend so oder mit weniger Aktionen gespielt werden.

Beenden und Verabschieden

Sprechspiel s. S. 19

Eichhörnchen Blessing

Material: Geschichtendecke; Säckchen mit Text, Filz in Braun, Eichhörnchen, 5 Walnüssen, Filzblättern, Blumen, 2 Äpfeln, 3 Kiefernzapfen, kleinem Blumentopf

Ankommen

s. S. 17

Begrüßen

Sprechspiel oder Lied (s. S. 17)

Geschichtensäckchen und Inhalt vorstellen

Das ist unsere grüne Geschichtendecke. (Decke hinlegen) *Das ist unser Geschichtensäckchen mit der Geschichte vom Eichhörnchen Blessing.* (zeigen und an den Rand stellen)

Geschichte erzählen und sprachlich begleiten

Die grüne Geschichtendecke ist der Garten. In diesem Garten blühen gelbe und violette Herbstblumen. (Blumen hinlegen) *Einige Blätter haben sich schon verfärbt. Sie sind schon von den Bäumen gefallen.* (Filzblätter hinlegen) *Zwei reife Äpfel sind vom Apfelbaum gefallen. Sie liegen im Gras.* (Äpfel hinlegen) *Dort liegt ein kleiner Blumentopf.* (Blumentopf hinlegen) *Da liegen drei Kiefernzapfen. Einige sind von dem Kiefernbaum heruntergefallen.* (Zapfen hinlegen) *Ein Maulwurf hat einen Maulwurfshügel aufgeworfen. Die braune Erde riecht noch ganz frisch.* (braunen Maulwurf-Filzhügel aufstellen) *Von dem Nussbaum sind viele reife Walnüsse heruntergefallen. Die Walnüsse liegen im Gras.* (fünf Walnüsse hinlegen) *Da kommt das Eichhörnchen Blessing. Es lebt in diesem Garten. Jedes Jahr im Herbst sammelt es Nüsse und versteckt sie für den Winter. „Da liegen viele Walnüsse im Gras. Ich werde sie alle sammeln und für den Winter verstecken", sagt es.* (Eichhörnchen sammelt Nüsse ein)

„Ich will die Nüsse zählen, die ich heute gefunden habe: 1, 2, 3, 4, 5. Fünf Nüsse habe ich gefunden! Wunderbar.“ (Eichhörnchen zählt) *„Jetzt verstecke ich die Nüsse für den Winter. Die erste Nuss verstecke ich unter den gelb-braunen Blättern im Blätterhaufen.“* (Eichhörnchen versteckt Nuss unter den Blättern)

„Die zweite Nuss verstecke ich hinter den beiden Äpfeln. So, da liegt sie gut versteckt.“ (Eichhörnchen legt Nuss hinter Äpfel)

„Die dritte Nuss verstecke ich in der Erde des Maulwurfhügels. Der Maulwurf kann die sowieso nicht essen.“ (Eichhörnchen versteckt Nuss im Maulwurfshügel)

„Die vierte Nuss verstecke ich unter dem Blumentopf.“ (Eichhörnchen versteckt Nuss unter dem Blumentopf.)

„Die fünfte Nuss verstecke ich zwischen den Kiefernzapfen.“ (Eichhörnchen versteckt Nuss zwischen den Kiefernzapfen.) *„Jetzt bin ich müde und ruhe mich aus. Ich lege mich einfach ins Gras. Hmmm, das tut mir gut“, sagt es und legt sich ins Gras.* (Eichhörnchen Blessing ruht sich aus.)

Hinweis: Die Geschichte kann altersentsprechend so oder mit weiteren Aktionen (bis zu 10 Nüsse verstecken) gespielt werden.

Beenden und Verabschieden

Sprechspiel s. S. 19

Katze Matilda und ihre fünf Kätzchen

Material: Geschichtendecke; Säckchen mit Text, Filz in Grau (Fußboden), Möbeln, 3 Püppchen, Katze und 5 Kätzchen, Schälchen

Ankommen / Begrüßen

Sprechspiel oder Lied (s. S. 17)

Geschichtensäckchen und Inhalt vorstellen

Das ist unsere blaue Geschichtendecke. (Decke hinlegen) *Das ist unser Geschichtensäckchen mit der Geschichte von Katze Matilda und ihren Katzenkindern. In dieser Geschichte spielen mit: Mama, Leander, Ida, Matilda mit ihren fünf Kätzchen.* (zeigen und an den Rand stellen)

Geschichte erzählen und sprachlich begleiten

Hier ist das Wohnzimmer von Mama, Leander und Ida. (Filz hinlegen) *Darin stehen ein Schrank, ein Sofa, zwei Sessel, eine Lampe und ein Tisch.* (Möbel hinstellen) *Auf dem Sofa sitzen Mama und Ida, im Sessel Leander.* (Püppchen hinsetzen) *Da geht die Tür auf und herein kommt die Katze Matilda. „Oh, schau mal, wer uns da besuchen kommt!", ruft Mama. „Miau, miau, miau!", ruft Matilda. „Ja, da kommt unsere Matilda!", ruft Ida erfreut. „Komm rein, Matilda. Wir haben dich schon lange nicht mehr gesehen."* (Katze kommt)

„Miau, miau!", sagt Matilda. Ich möchte euch meine kleinen Katzenkinder zeigen. Sie sind jetzt schon sechs Wochen alt. „Kommt Kinder, kommt alle herein. Mama, Ida und Leander sind neugierig und wollen euch sehen. Hier kommt mein Katzenkind Nummer 1: Es hat ein schwarzes Fell. Es heißt Munschi." (schwarzes Kätzchen aufstellen)

„Hier kommt mein Kätzchen Nummer 2. Sein Fell ist hellbraun. Dieses Kätzchen heißt Pirla." (hellbraunes Kätzchen aufstellen)

„Das ist mein Kätzchen Nummer 3. Sein Fell ist ganz grau. Es heißt Toto." (graues Kätzchen aufstellen)

„Orange-braun getigert ist mein Kätzchen Nummer 4. Dieses Kätzchen hat den Namen Babung." (orange-braun getigertes Kätzchen aufstellen)

„Und zum Schluss kommt noch mein schwarz-weiß geflecktes Kätzchen Nummer 5. Dieses Kätzchen hat den Namen Filla." (schwarz-weiß geflecktes Kätzchen aufstellen) *„Miau, miau, wir haben Hunger!", rufen die Kätzchen Filla und Toto. „Wartet. Ich hole euch ein Schälchen mit Milch. Die könnt ihr alle trinken", sagt die Mutter.* (Schälchen aufstellen, Katzen um die Schale stellen.) *Matilda und ihre Kätzchen trinken Milch. „Hmmm, schmeckt das gut. Miau, miau,miau!", sagen die Kätzchen.* (Schleckgeräusche dazu machen.)

Hinweis: Für jüngere Kinder kann die Geschichte gekürzt werden (nur 2 oder 3 Katzenkinder).

Beenden und Verabschieden

Sprechspiel s. S. 19

Schmetterling Zehra

Material: Geschichtendecke; Säckchen mit Text, grünen, orangenen, violetten, roten, gelben und blauen Blumen, Schmetterling

Ankommen/Begrüßen

Sprechspiel oder Lied (s. S. 17)

Geschichtensäckchen und Inhalt vorstellen

Das ist unsere grüne Geschichtendecke. (Decke hinlegen) *Das ist unser Geschichtensäckchen mit der Geschichte vom Schmetterling Zehra und den Blumen. In dieser Geschichte spielt dieser Schmetterling mit.* (zeigen und an den Rand stellen)

Geschichte erzählen und sprachlich begleiten

Die grüne Geschichtendecke ist die grüne Wiese. Auf dieser Wiese blühen viele bunte Blumen. Eine große grüne Blume, zwei kleine orange Blumen, drei kleine violette Blumen, vier ganz kleine rote Blumen, fünf kleine gelbe Blumen, sechs kleine blaue Blumen. (nacheinander zählend alle Blumen hinlegen)
Der große gelbe Schmetterling Zehra kommt angeflogen. „Oh, das ist aber eine schöne, bunte Blumenwiese. Ich fliege zu allen Blumen. Ich besuche sie und esse von ihrem Nektar.

Zuerst fliege ich zur großen grünen Blume. „Guten Tag, große grüne Blume. Ich will dich heute besuchen. Darf ich von deinem Nektar trinken?“ (Schmetterling fliegt zur grünen Blumen)

Dann fliege ich zu den zwei kleinen orangenen Blumen. „Guten Tag, ihr zwei kleinen orangenen Blumen. Ich will euch heute besuchen. Darf ich von eurem Nektar trinken?“ (Schmetterling fliegt zu den orangenen Blumen)

Dort sind die drei kleinen violetten Blumen. Da fliege ich jetzt hin. „Guten Tag, ihr drei kleinen violetten Blumen. Ich will euch heute besuchen. Darf ich von eurem Nektar trinken?“ (Schmetterling fliegt zur violetten Blumengruppe)

Jetzt fliege ich zu den vier ganz kleinen roten Blumen. „Guten Tag, ihr vier ganz kleinen roten Blumen. Ich will euch heute besuchen. Darf ich von eurem Nektar trinken?“ (Schmetterling fliegt zur roten Blumengruppe)

Dort sind die fünf kleinen gelben Blumen. Da fliege ich jetzt hin. „Guten Tag, ihr fünf kleinen gelben Blumen. Ich will euch heute besuchen. Darf ich von eurem Nektar trinken?“ (Schmetterling fliegt zur gelben Blumengruppe)

Da sind auch noch sechs kleine blaue Blumen. „Guten Tag, ihr sechs kleinen blauen Blumen. Ich will euch heute besuchen. Darf ich von eurem Nektar trinken?“ (Schmetterling fliegt zur blauen Blumengruppe)
„Ich bin jetzt müde“, sagt der kleine Schmetterling. „Ich ruhe mich bei euch aus.“

Beenden und Verabschieden

Sprechspiel s. S. 19

Die Tiere auf dem Schiff

Material: Geschichtendecke; Säckchen mit Text, Filz in Dunkelblau, Stein, Schiff, Bäumen, Ratte, Frosch, Spinne, Krokodil, Hase

Ankommen / Begrüßen

Sprechspiel oder Lied (s. S. 17)

Geschichtensäckchen und Inhalt vorstellen

Das ist unsere beige Geschichtendecke. (Decke hinlegen) *Das ist unser Geschichtensäckchen mit der Geschichte von den Tieren auf dem Schiff. In dieser Geschichte spielen mit: das Schiff, die Ratte, der Frosch, die Spinne, das Krokodil und der Hase.* (zeigen und an den Rand stellen)

Geschichte erzählen und sprachlich begleiten

Das ist der große, blaue Fluss. (blauen Filz hinlegen) *Am Ufer stehen viele Bäume.* (Bäume aufstellen) *Hier ist ein großer, steiler Fels.* (Stein hinlegen) *Hier ist der Hafen. Im Hafen liegt das große rote Schiff.* (Schiff hinstellen) *Hier sitzt ein gelber Hase, dort sitzt eine weiße Ratte, da sitzt eine schwarze Spinne, da sitzt ein grüner Frosch, da liegt ein grünes Krokodil.* (Tiere hinsetzen) *„Tut-tuuuut!", macht das große Schiff. „Wer will heute mitfahren? Wer will, kann einsteigen." „Ich will mitfahren!", ruft der gelbe*

Hase und hüpft auf das Schiff. (Hase steigt ein) *„Halt, wartet auf mich!", ruft die schwarze Spinne. „Ich will auch mit." Schnell krabbelt sie auf das Schiff.* (Spinne steigt ein) *„Ich möchte auch mit!", ruft die weiße Ratte und springt auf das Schiff.* (Ratte steigt ein) *„Tut-tuuut, jetzt geht es los!", tutet das Schiff und fährt los. „Tuck, tuck, tuck." macht der Motor.* (Schiff fährt los)

Ein grüner Frosch sitzt am Ufer. „Habt ihr noch Platz?", ruft er. Das Schiff hält an und der Frosch steigt ein. (Frosch steigt ein) *Unterwegs treffen sie ein Krokodil. „Ich möchte auch mitfahren!", ruft es. Das Schiff hält an und das Krokodil steigt ein.* (Krokodil steigt ein)

Das Schiff fährt weiter. (tuck,tuck, tuck ...) An dem großen Felsen hält es an. „Möchte jemand hier aussteigen?", fragt das Schiff. „Ich möchte hier eine Pause machen." (Schiff hält an) *„Ich steige aus", sagt das Krokodil. „Ich bleibe hier. Dort ist eine schöne Sandbank. Da lege ich mich hin."* (Krokodil steigt aus) *„Wir steigen auch aus. Wir suchen etwas zu fressen", sagen der Hase und die Ratte.* (Hase und Ratte steigen aus) *„Ich möchte am Ufer ein paar Fliegen fangen", sagt der Frosch und hüpft davon.* (Frosch steigt aus) *„Ich bleibe faul in der Sonne liegen. Ich steige nicht aus", sagt die Spinne.*

„Tut-tuuut,Tut-tuuut", ist da das Schiff laut zu hören. „Ich fahre wieder zurück. Alle einsteigen." Der Hase und die Ratte kommen und steigen ein. „Quaaak, ich bleibe hier", ruft der Frosch. „Hier gibt es viele leckere Fliegen. Die schmecken mir sehr gut." „Ich bleibe auch hier auf dieser schönen Sandbank", sagt das Krokodil. (Frosch und Krokodil bleiben)

Das Schiff fährt zurück. Bald ist es wieder im Hafen angekommen. „Tut-tuuut, alle aussteigen! Die Fahrt ist beendet." Alle Tiere steigen nacheinander aus: Zuerst die Spinne, dann der Hase. Zum Schluss springt die Ratte vom Schiff. Die drei schlüpfen ins Säckchen zurück. Dann kommen noch der Frosch und das Krokodil und schlüpfen ins Säckchen.

Beenden und Verabschieden

Sprechspiel s. S. 19

Die Füchse Noah und Yuna

Material: Geschichtendecke; Säckchen mit Text, Filz in Grün und Braun, Bäumen, 2 Häusern, 2 Füchsen, Hase, Maus, Ziege, Schwein

Ankommen / Begrüßen

Sprechspiel oder Lied (s. S. 17)

Geschichtensäckchen und Inhalt vorstellen

Das ist unsere grüne Geschichtendecke. (Decke hinlegen) *Das ist unser Geschichtensäckchen mit der Geschichte von den Füchsen Noah und Yuna. In dieser Geschichte spielen mit: Fuchs Noah, Füchsin Yuna, Hase, Maus, Ziege, Schwein.* (zeigen und an den Rand stellen)

Geschichte erzählen und sprachlich begleiten

Hier ist die Höhle mit dem Bau von den beiden Füchsen Noah und Yuna. (Höhle aus braunem Filz aufstellen) *Die Höhle ist im Wald. Dort stehen viele Bäume.* (Bäume aufstellen) *Hinter dem Wald ist ein Bauernhof.* (die Häuser aufstellen) *Das sind die beiden Füchse Noah und Yuna.* (Füchse in der Höhle aufstellen) *Sie sind gerade aufgewacht und kommen aus ihrem Bau heraus.* (Füchse aus der Höhle nehmen) *„Uahhhhh", gähnt der Fuchs Noah. „Ich bin durstig und hungrig. Ich gehe in den Wald und suche etwas zu essen und zu trinken." Der Fuchs Noah läuft los.* (Der Fuchs läuft weg.)
„Ich bleibe hier", sagt Yuna." Ich habe noch keinen Hunger und auch keinen Durst. Ich bleibe hier draußen in der Sonne sitzen. Doch was mache ich jetzt so alleine?", überlegt sie. Da kommt ein Häschen angehoppelt. „Willst du dich zu mir in die Sonne setzen und mit mir spielen?", fragt Yuna das Häschen. (Das Häschen kommt.)

„Nein, nein, nein, mit einem Fuchs kann ich doch nicht spielen. Am Ende frisst du mich noch auf!“, erwidert das Häschen und hoppelt schnell weiter. (Das Häschen hoppelt weg.) *„Das ist schade!“, sagt Yuna. „Dann bleibe ich einfach in der Sonne sitzen.“*

Eine kleine Maus kommt gelaufen. „Willst du dich zu mir in die Sonne setzen und mit mir spielen?“, fragt Yuna die Maus. (Die Maus kommt.) *„Nein, nein, nein, mit einem Fuchs kann ich doch nicht spielen. Am Ende frisst du mich noch auf!“ erwidert die Maus und läuft schnell weiter.* (Die Maus läuft weg.) *„Das ist schade“, sagt Yuna. Dann bleibe ich einfach in der Sonne sitzen.“*

Eine kleine Ziege kommt gelaufen. „Willst du dich zu mir in die Sonne setzen und mit mir spielen?“, fragt Yuna die Ziege. (Die Ziege kommt.) *„Nein, nein, nein, mit einem Fuchs kann ich doch nicht spielen. Am Ende frisst du mich noch auf!“ erwidert die Ziege und läuft schnell weiter.* (Die Ziege läuft weg.) *„Das ist schade!“, sagt Yuna. „Dann bleibe ich einfach in der Sonne sitzen.“*

Grunzend und quiekend kommt ein großes Schwein angelaufen. „Quiek, quiek, quiek, ich habe mich im Wald verlaufen. Kleiner Fuchs, kannst du mir den Weg zurück nach Hause zeigen?“, fragt das Schwein. (Das Schwein kommt.) *„Ja, gerne kann ich das. Komm mit, ich zeige dir den Weg aus dem Wald hinaus.“ Beide laufen zusammen los. Die kleine Füchsin Yuna voran, das große Schwein hinterher.* (Füchsin Yuna und das Schwein gehen los.) *„Dort ist dein Bauernhof, großes Schwein“, sagt Yuna. „Ich muss jetzt schnell wieder zurück zu meinem Fuchsbau. Ich möchte nicht, dass mich der Bauer sieht.“* (Die Füchsin geht zurück.) *„Danke, dass du mir den Weg aus dem Wald gezeigt hast!“, ruft ihm das große Schwein hinterher.* (Das Schwein geht zu dem Haus.) *Yuna setzt sich vor ihren Fuchsbau und ruht sich in der warmen Sonne aus.*

Beenden und Verabschieden

Sprechspiel s. S. 19

Geschichtensäckchen mit Familiengeschichten

Der kleine Elefant Ilyas wird wach

Material: Geschichtendecke; Säckchen mit Text, 1 Doppelbett, 1 Kinderbett, Kissen und Decken für Betten, Elefanteneltern, 1 Elefantenkind, Schmusetuch, Teddy

Ankommen

s. S. 17

Begrüßen

Sprechspiel oder Lied (s. S. 17)

Geschichtensäckchen und Inhalt vorstellen

Das ist unsere gelbe Geschichtendecke. (Decke hinlegen) *Das ist unser Geschichtensäckchen mit der Geschichte von Elefant Ilyas und seinen Eltern. In dieser Geschichte spielen mit: Papa-Elefant, Mama-Elefant, Elefantenkind* (zeigen und an den Rand stellen)

Geschichte erzählen und sprachlich begleiten

Hier ist das Bett von Mama-Elefant und Papa-Elefant. Es hat weiche Kissen und eine große Decke. (Bett hinstellen) *Hier ist das Bett von dem kleinen Elefanten Ilyas. Es hat ein weiches Kissen und eine Decke.* (Kinderbett hinstellen)

Mama-Elefant liegt im Bett und schläft. (Mama-Elefant in das Bett legen) *Papa-Elefant liegt im Bett und schläft.* (Papa-Elefant in das Bett legen)

Der kleine Elefant Ilyas schläft in seinem Bett. (Elefantenkind in das Bett legen) *Sein Schmusetuch und sein Teddy liegen bei ihm im Bett.* (Tuch und Teddy dazulegen)

Frühmorgens wird Ilyas wach. Die Nacht ist vorbei und draußen ist es schon hell. „Huah!", gähnt er, und reibt sich seine Augen. „Habe ich heute gut geschlafen. Aber jetzt will ich aufstehen. „Paaa-pa!", ruft er. „Maaa-ma!", ruft er. Seine Eltern schlafen noch. Er ruft noch einmal: „Paaa-pa, Maaa-ma!" Doch es kommt niemand. „Dann gehe ich jetzt zu Papa und Mama."

Ilyas klettert aus seinem Bettchen heraus und geht zu Papa und Mama ans Bett. (Ilyas geht zu Eltern) *Mama und Papa schlafen noch. „Mama, Papa, es ist hell draußen. Wir können aufstehen", sagt Ilyas und rüttelt an Mamas Arm.* (Ilyas bei Eltern)

„Was ist los mit dir?", fragt Mama-Elefant ganz verschlafen. Es ist doch noch viel zu früh zum Aufstehen." Die Mama gibt Ilyas einen Kuss. „Komm zu uns ins Bett und schlafe noch ein wenig. Wir haben noch viel Zeit."

„Oh, ich habe meinen Teddy und mein Schmusetuch vergessen. Das muss ich noch holen“, sagt Ilyas und geht zurück zu seinem Bett.

Er holt seinen Teddy und sein Schmusetuch und geht wieder zu den Eltern. Ilyas klettert zu Mama und Papa ins Bett. (Ilyas holt Teddy und Tuch und geht zurück) *Er legt sich in die Mitte zwischen Mama und Papa. Papa macht ihm Platz. Mama gibt ihm noch einen Kuss. „Jetzt schlafe weiter“, sagt sie und deckt ihn zu.* (Ilyas klettert zu Eltern ins Bett.)

Ilyas kuschelt sich zuerst an Mama, dann an Papa. „Hm, ist das schön warm und kuschelig“, denkt er. Es dauert nicht lange, und Ilyas ist im Bett von Mama und Papa eingeschlafen. Auch Papa und Mama schlafen wieder ein.

Hinweise: Diese Geschichte kann auch mit Püppchen gespielt werden. In ähnlicher Form können weitere Alltagsszenen erzählt und gespielt werden.

Beenden und Verabschieden

Sprechspiel s. S. 19

Familie Novak besucht ein Autorennen

Material: Geschichtendecke; Säckchen mit Text, Filz in Blau (Parkplatz), Filz in Grau (Rennstrecke), zwei Wollfäden, Bausteinen, Autos, Familien- und Zuschauerpüppchen, Jonas, Siegerblume

Ankommen

s. S. 17

Begrüßen

Sprechspiel oder Lied (s. S. 17)

Geschichtensäckchen und Inhalt vorstellen

Das ist unsere blaue Geschichtendecke. (Decke hinlegen) *Das ist unser Geschichtensäckchen mit der Geschichte von Familie Novak beim Autorennen. In dieser Geschichte spielen mit: Papa, Mama, Zehra, Azra, Jonas, vier Zuschauer, vier Autos* (nacheinander, spielbegleitend aus dem Säckchen holen) *Hier ist der Autoparkplatz.* (Parkplatz-Filz hinlegen) *Das ist die Rennstrecke für die Autos.* (Rennstrecke aus Filz hinlegen) *Auf der Rennstrecke ist die Start- und die Ziellinie markiert.* (Wollfäden hinlegen) *Das ist die Siegerblume für den Gewinner.* (Siegerblume hinlegen) *Dort sind die Sitzplätze für die Zuschauer. Ein blauer Sitzplatz, ein gelber ...* (farbige Bausteine hinlegen)

Geschichte erzählen und sprachlich begleiten

Papa, Mama, Zehra, und Azra kommen zu dem Autorennen. Sie setzen sich auf die Zuschauerbänke. Sie wollen das Autorennen ansehen. (Püppchen hinsetzen) *Andere Zuschauer kommen auch und setzen sich hin.* (weitere Figuren hinsetzen) *Das ist Jonas. Er misst die Zeit, wie lange jedes Auto für eine Runde braucht.* (Jonas-Püppchen hinstellen)

Jetzt kommen die Autos für das Autorennen angefahren. Zuerst kommt das rote Auto und parkt auf dem Parkplatz. (rotes Auto kommen lassen) *Danach kommt das grüne Auto und parkt auf dem Parkplatz.* (grünes Auto kommen lassen) *Dann kommt das Polizeiauto. Es parkt auf dem Parkplatz.* (das Polizeiauto kommen lassen) *Dann kommt ein hellgrünes Rennauto. Es parkt auf dem Parkplatz.* (Rennauto kommen lassen) *Dann kommt ein gelber Bus. Er parkt auf dem Parkplatz.* (einen Bus kommen lassen)

Dann geht es los. Das rote Auto fährt zuerst. Jonas gibt das Startzeichen: „Auf die Plätze, fertig, los!", ruft er ganz laut. So schnell es kann, fährt es seine Runde. Jonas misst seine Zeit. „Brmmmm ..." (rotes Auto fahren lassen)

Das grüne Auto ist an der Reihe. Jonas gibt das Startzeichen: „Auf die Plätze, fertig, los!", ruft er ganz laut. So schnell es kann, fährt es seine Runde. Jonas misst seine Zeit. „Brmmmm ..." (grünes Auto fahren lassen)

Das Polizeiauto ist an der Reihe. Jonas gibt das Startzeichen: „Auf die Plätze ...(s. o.)" (Das Polizeiauto fahren lassen)

Das hellgrüne Rennauto ist an der Reihe. Jonas gibt das Startzeichen: „Auf die Plätze ... (s. o.)

Brmmm, brmmm, brmmm ...", rast es los. Doch da passiert es. Es fährt zu schnell in die Kurve. Es kommt von der Rennstrecke ab und fährt ins Gras. Jetzt ist es ausgeschieden. (Rennauto fahren lassen)

Der gelbe Bus ist an der Reihe. Jonas gibt das Startzeichen: „Auf die Plätze ... (s. S. 68) (Bus fahren lassen)

Gewonnen hat das rote Auto. Es ist am schnellsten gefahren. Jonas klebt ihm die Siegerblume aufs Dach. (Blume auf das rote Auto kleben)

Das rote Siegerauto fährt eine Siegerrunde. „Tüüüt, tüüüt, tüüüt!", hupt es laut. Alle anderen Autos fahren hinter ihm her. (alle Autos fahren lassen)
Das Rennen ist beendet. Alle Autos fahren wieder nach Hause. Zuerst das rote Siegerauto, dann ... Alle Zuschauer gehen nach Hause. (Püppchen gehen lassen) *Zum Schluss geht auch Jonas nach Hause.* (Jonas gehen lassen)

Hinweis: Die Geschichte kann altersentsprechend so oder mit weniger Aktionen gespielt werden.

Beenden und Verabschieden

Sprechspiel s. S. 19

Talisha findet einen Einkaufskorb

Material: Geschichtendecke; Säckchen mit Text, Talisha-Püppchen, Mama-Püppchen, Haus, Einkaufskorb, Banane, Tomate, Möhre, Zitrone, Knoblauch, Apfel

Ankommen / Begrüßen

Sprechspiel oder Lied (s. S. 17)

Geschichtensäckchen und Inhalt vorstellen

Das ist unsere gelbe Spieldecke. (Decke hinlegen) *Das ist unser Geschichtensäckchen mit der Geschichte von Talisha und dem Einkaufskorb. In dieser Geschichte spielen Mama und Talisha mit.* (zeigen und an den Rand stellen)

Geschichte erzählen und sprachlich begleiten

Hier ist das Haus von Talisha und ihrer Familie. (Haus hinstellen) *Hier steht ein Einkaufskorb mit Obst und Gemüse.* (Einkaufskorb hinstellen) *Talishas Mama ist im Haus.* (Mutter-Püppchen hinstellen) *Talisha kommt nach Hause.* (Talisha-Püppchen kommt) *Vor der Haustür steht ein Einkaufskorb. „Oh, hier hat jemand einen Einkaufskorb stehen gelassen“, sagt sie. „Ich will sehen, was in dem Einkaufskorb ist.“* (Püppchen geht zu Korb) *„Da ist eine Banane. Bananen esse ich gerne.“* (Banane herausholen)

„Da ist eine rote Tomate. Tomaten schmecken mir gut.“ (Tomate herausholen)

„Da ist eine orangene Möhre. Möhren knabber ich gerne. Meinem Häschen schmecken sie auch.“ (Möhre herausholen)

„Da ist ein weißer Knoblauch. Knoblauch mag ich nicht.“ (Knoblauch herausholen)

„Da ist ein gelb-roter Apfel. Den möchte ich gleich essen.“ (Apfel herausholen)

„Da ist eine gelbe Zitrone. Zitronen schmecken sauer.“ (Zitrone herausholen)

Die Mutter kommt aus dem Haus. „Talisha, hast du meinen Einkaufskorb gesehen? Ich suche ihn überall“, fragt die Mutter. (Mutter-Püppchen kommt) *„Hier draußen vor der Tür hast du ihn stehen gelassen“, antwortet Talisha. „Mama, darf ich den Apfel aus dem Korb gleich essen?“*

Beenden und Verabschieden

Sprechspiel s. S. 19

Auf der Spielwiese

Material: Geschichtendecke; Säckchen mit Text, Filz in Beige, Bäumen, Bank, 4 Steinen, Holzbaustein, Röhre (Papierrolle), Kinderwagen, 4 Püppchen

Ankommen / Begrüßen

Sprechspiel oder Lied (s. S. 17)

Geschichtensäckchen und Inhalt vorstellen

Das ist unsere grüne Geschichtendecke. (Decke hinlegen) *Das ist unser Geschichtensäckchen mit der Geschichte von der Spielwiese. In dieser Geschichte spielen mit: Papa, Elias, Marthe, Emma.* (zeigen und an den Rand stellen)

Geschichte erzählen und sprachlich begleiten

Die Geschichtendecke ist die Spielwiese. Am Rande der Wiese stehen Bäume. (Bäume aufstellen) *Auf der Spielwiese steht eine rote Bank.* (Bank hinstellen) *Hier ist ein Sandkasten zum Spielen.* (Sandfilz hinlegen) *Hier sind die Klettersteine zum Klettern.* (vier runde Steine hinlegen) *Hier liegt ein dicker Baumstamm zum Balancieren.* (langen Holzbaustein hinlegen) *Hier ist ein Kriechtunnel.* (Papierrolle hinlegen) *Heute geht Papa mit Elias, Marthe und der kleinen Emma auf die Spielwiese. Emma ist noch ein Baby und liegt im Kinderwagen. „Elias, Marthe!“, ruft Papa. „Kommt, wir gehen auf die Spielwiese.“* (Papa-Püppchen kommt mit Kinderwagen und Baby) *Marthe und Jonas kennen den Weg zur Spielwiese. „Wir laufen schon los!“, rufen sie. „Wir kennen den Weg.“* (Kinder-Püppchen laufen los) *Papa kommt mit Baby Emma im Kinderwagen hinterher. Er setzt sich auf die rote Bank. „Ich schaue euch beim Spielen zu“, sagt er. Emma schläft im Kinderwagen.* (Papa-Püppchen setzt sich)

Marthe geht zum Sandkasten und spielt im Sand. „Der Sand ist sooo schön. Lass uns eine Burg bauen", sagt sie zu Elias. Beide bauen im Sand eine Burg. (Kinder-Püppchen spielen)

Nach einer Weile läuft Elias zu den Klettersteinen. „Marthe, komm mit. Wir können auf die Steine klettern. Und dann runterspringen." Marthe läuft zu den Klettersteinen. Beide klettern hoch und springen herunter. Immer wieder. „Das ist toll!", ruft Marthe. „Lass uns ausprobieren, wie weit wir springen können." Beide klettern auf die Steine hinauf und springen wieder herunter. So lange, bis sie ganz außer Puste sind. „Wir können beide ganz weit springen!", ruft Elias. (beide klettern und hüpfen)

„Jetzt lass uns zu dem Baumstamm gehen. Wir können prima darüber laufen", schlägt Elias vor. Elias läuft zum Baumstamm. Marthe folgt ihm. Elias und Marthe balancieren langsam über den Baumstamm. (beide balancieren)

„Jetzt verstecken wir uns im Kriechtunnel", sagt Marthe. Beide laufen hin und verstecken sich. „Papa, Papa, wo sind wir?", rufen sie. „Du musst uns jetzt suchen!" Papa geht los und sucht die beiden. Er schaut hinter den Steinen: Keiner da! Er schaut hinter dem Baumstamm: Keiner da! Er schaut hinter den Kriechtunnel: Keiner da! Er schaut in den Kriechtunnel: „Da seid ihr ja! Jetzt habe ich euch gefunden", sagt Papa.

„Jetzt wird es Zeit nach Hause zu gehen", sagt Papa. „Emma ist wach und hat Hunger." „Jetzt schon?" will Marthe wissen. „Morgen können wir ja wieder hierher kommen", schlägt Papa vor. „Oh ja, das machen wir!", sagen Elias und Marthe. Alle vier gehen froh nach Hause.

Beenden und Verabschieden

Sprechspiel s. S. 19

Der Ausflug an den See

Material: Geschichtendecke, Säckchen mit Text, Filz in Blau, Filz in Beige, Bäumen, Bank, Spieldecke, Bus, Püppchen, Hund, Boot

Ankommen

s. S. 17

Begrüßen

Sprechspiel oder Lied (s. S. 17)

Geschichtensäckchen und Inhalt vorstellen

Das ist unsere beige Spieldecke. (Decke hinlegen) *Das ist unser Geschichtensäckchen mit der Geschichte vom Ausflug an den See. In dieser Geschichte spielen mit: Papa, Mama, Emily, Sophia, Leia, Hund.* (zeigen)

Geschichte erzählen und sprachlich begleiten

Hier ist der See. (blauen Seefilz hinlegen) *Am Seeufer stehen Bäume.* (Bäume aufstellen) *Am Seeufer steht eine rote Bank.* (rote Bank hinstellen) *Am Seeufer ist ein Sandkasten.* (Sandkastenfilz hinlegen) *Auf dem See schwimmt ein Boot.* (Boot hinstellen)

Hier sind Papa, Mama, Emily, Sophia, Leia und der Hund Rocco. (Püppchen und Hund hinstellen) *Alle fahren heute zu dem Waldsee. Nacheinander steigen alle in das Auto ein. Zuerst*

steigt Papa ein, dann steigt Mama, dann Emily, dann Sophia, dann Leia. Zum Schluss springt der Hund Rocco in das Auto (alle steigen nacheinander ein) *Dann fahren sie los „Brmmmm", das Auto fährt los.* (Auto fährt los)

Sie kommen am See an. „Alle bitte aussteigen. Wir sind angekommen", sagt Papa. (alle steigen aus) *„Wau, wau, wau", bellt Rocco. Er rennt als Erster aus dem Auto und springt ins Wasser* (Hund bellt, rennt los und springt ins Wasser) *Papa steigt aus, Mama steigt aus, Emily steigt aus, Sophia steigt aus, Leia steigt aus.* Papa und Mama setzen sich auf die Bank. (auf Bank setzen) *Emily, Sophia und Leia gehen zum Sandkasten und spielen im Sand.* (Püppchen auf Sandkastenfilz setzen)

Rocco kommt bellend aus dem Wasser gelaufen. „Wau, wau!", bellt er laut und schüttelt das Wasser aus seinem Fell. Rocco läuft zu Papa und Mama und setzt sich neben die Bank. (Hund läuft zur Bank ...) *„Mama, Papa, können wir mit dem Boot fahren?", fragt Sophia.* Ja, das ist eine gute Idee, sagt Papa. *Alle gehen zu dem Boot. Emiliy will nicht mitfahren. Sie bleibt auf der Bank sitzen. Der Hund Rocco bleibt bei ihr. Die Anderen gehen zu dem Boot und steigen ein. Zuerst steigt Mama ein und setzt sich in das Boot. Dann .... Papa rudert das Boot auf den See hinaus. Ganz lange fahren sie über den See. (einsteigen und Boot fahren)*

Nach einiger Zeit rudern sie wieder zurück an das Ufer." Jetzt müssen wir wieder aussteigen", sagt Leia. Alle steigen aus dem Boot. Zuerst steigt Papa aus, dann ... Das war schööön", sagt Sophia. Können wir morgen wieder hierher kommen und mit dem Boot fahren?" (zurückfahren und aussteigen)
„Wir können das gerne wiederholen. Doch jetzt wird es Zeit, nach Hause zu fahren", sagt Mama. Alle steigen in das Auto ein. Zuerst steigt Mama ein, dann ... Auch der Hund Rocco springt hinein. Auf der Heimfahrt steuert Mama das Auto. Fröhlich fahren alle nach Hause. (in den Bus steigen und heim fahren)

Beenden und Verabschieden

Sprechspiel s. S. 19

Im Zirkus

Material: Geschichtendecke; Säckchen mit Text, Filzplatte in Orange (Manege), Podest, Bausteinen, Hindernis, Zuschauerpüppchen, Zirkusdirektor, 3 Clowns, Kinderwagen, Kätzchen, je zwei Elefanten, Zebras, Löwen, Affen mit Ball

Ankommen

s. S. 17

Begrüßen

Sprechspiel oder Lied (s. S. 17)

Geschichtensäckchen und Inhalt vorstellen

Das ist unsere gelbe Geschichtendecke. (Decke hinlegen) *Das ist unser Geschichtensäckchen mit der Geschichte vom Zirkus. In dieser Geschichte spielen mit: Zuschauerpüppchen, der Zirkusdirektor, 3 Clowns, 1 Kätzchen im Kinderwagen, je zwei Elefanten, Zebras, Löwen, Affen mit Ball.* (zeigen und an den Rand stellen)

Geschichte erzählen und sprachlich begleiten

Das ist die Zirkusmanege. (runde Filzplatte hinlegen) *Um die Manege herum sind die Sitzplätze für die Zuschauer.* (Bausteine aufstellen) *Das ist das Podest für den Zirkusdirektor.* (Podest hinstellen)

Heute kommen ganz viele Zirkusbesucher in die Manege. Alle setzen sich auf ihre Plätze. (Püppchen kommen und setzen sich.) *Der Zirkusdirektor kommt zuerst in die Manege. Er stellt sich auf ein Podest. „Hallo liebe Leute!", sagt er. „Sie sehen jetzt eine bunte Zirkusvorstellung mit Tieren und Clowns. Manege frei für alle!"* (Zirkusdirektor kommt)

Zwei schwarz-weiß gestreifte Zebras kommen und zeigen ihre Kunststücke. Sie können schnell im Kreis herumlaufen und sich dabei um die eigene Achse drehen. (Zebras führen vor.)

Danach kommen zwei graue Elefanten. Sie können sich auf ihre Hinterbeine stellen, sich dabei ganz hoch strecken und laut trompeten: „Täräääää!". (Elefanten führen vor.)

Ein Löwe und eine Löwin zeigen ihr Kunststück. Sie können hoch über ein Hndernis springen und rückwärts durch die Manege gehen. (Löwen führen vor.)

Zwei Affen kommen mit einem Ball in die Manege gelaufen. Die Affen spielen Fußball. (Affen führen vor.)

Dann kommt ein Clown. Er schiebt einen Kinderwagen, in dem ein kleines Kätzchen sitzt. Das Kätzchen miaut das Lied „Alle meine Entchen". Ein anderer Clown macht dazu Musik. (Clowns und Kätzchen kommen.)

Ein dritter Clown zeigt viele Purzelbäume. (Clown führt vor.)

Damit ist die Zirkusvorstellung beendet. Der Zirkusdirektor kommt und verabschiedet die Zuschauer. „Vielen Dank für Ihren Besuch. Ich hoffe, es hat Ihnen bei uns gut gefallen. Besuchen sie uns wieder!", sagt er. Dann gehen alle Leute nach Hause. (Alle Püppchen gehen zurück ins Säckchen.)

Hinweis: Die Geschichte kann altersentsprechend so oder mit weniger Aktionen gespielt werden. Für ältere Kinder kann die Geschichte erweitert werden.

Beenden und Verabschieden

Sprechspiel s. S. 19

Anhang

Die Autorin

Monika Wieber ist Sozialpädagogin, Erzieherin, Entspannungstherapeutin und Systemische Familientherapeutin in freier Praxis. Aus ihrer langjährigen Arbeit mit Kindern resultiert die Veröffentlichung von drei Bilderbüchern, die sich auf den Umgang mit Gefühlen beziehen. In diesem Kontext entstand ein weiterer beruflicher Schwerpunkt der Sprachförderung und sprachlicher Integration von Kindern. Sie leitet Seminare und bietet u. a. Weiterbildungen in ihren beruflichen Schwerpunkten „Stressmanagement", „Burnout-Prophylaxe" sowie zum Thema „Integration und Sprachförderung von Kindern mit und ohne Migrationshintergrund/Flüchtlingskinder" sowie speziell: „Sprachförderung durch dialogische Bilderbuchbetrachtung und Geschichtensäckchen" an. Anfragen dazu bitte unter: monika.wieber@web.de

Literaturhinweise

Bartoli y Eckert, P. / Tsalos-Fürter, E.: Die Welt ist voller Erzählanlässe. Mülheim a. d. R. (Verlag an der Ruhr) 2013.

Behnke, A.: Und was passiert dann? Geschichten erfinden mit Kindern. Freiburg i. Br. (Verlag Herder) 2012.

Bostelmann, A. (Hrsg.): Geschichtensäckchen. Mülheim a. d. R. (Verlag an der Ruhr) 2009.

Bröder, M.: Sprachförderung in der Kita. Freiburg i. Br. (Verlag Herder) 2012.

Füssenich, I., Prof. Dr./Menz, M.: Sprachliche Bildung,Sprachförderung, Sprachtherapie. Berlin (Cornelsen Scriptor) 2014.

Gruschka, H.: Erstes Erzählen mit Krippenkindern. München (Don Bosco Verlag) 2010.

Jampert, K./Zehnbauer, A./Best, P./Sens, A./ Leuckefeld, K./ Laier, M.: Kinder-Sprache stärken!: Sprachliche Förderung in der Kita: das Praxismaterial. Kiliansroda (verlag das netz) 2009.

Jampert, K./Zehnbauer, A./Best, P./Leuckefeld, K.:„Sprachliche Förderung in der Kita. Kiliansroda (verlag das netz) 2006

Näger, S.: Literacy – Kinder entdecken Buch-, Erzähl- und Schriftkultur. Freiburg i. Br. (Verlag Herder) 2013.

Oestreicher, S./Schwind, S./Traub, I.: Mit Geschichtensäckchen durch das Jahr. Berlin (Bananenblau) 2015.

Reimann, B.: Im Dialog von Anfang an. Berlin (Cornelsen Scriptor) 2009.

Schlesiger, C./Mühlhaus, M.: Late Talker. Späte Sprecher – Wenn zweijährige Kinder noch nicht sprechen. Idsein (Schulz-Kirchner Verlag) 2013.

Schlösser; E.:

Sprachliche Entwicklung fördern von Anfang an! Aachen (Ökotopia Verlag) 2010.

Wir verstehen uns gut. Aachen (Ökotopia Verlag) 2007.

Siegler, R./DeLoache, J./Eisenberg, N./ Saffran, J.: Entwicklungspsychologie im Kindes- und Jugendalter. Berlin (Springer), 4. Auflg. 2016.

Tracy, R.: Wie Kinder Sprachen lernen – Und wie wir sie dabei unterstützen können. Marburg (Francke Verlag) 2. Auflg. 2008

Vahle, F.: Sprache mit Herz, Hand und Fuß. Weinheim (Verlagsgruppe Beltz) 2010.

Wilmes-Mielenhausen, B.: Schlauzwerge plappern, fragen, erzählen in der Krippe. Freiburg i. Br. (Verlag Herder) 2013.

Wieber, M.: Sprachförder-Ideen Jahreszeiten. Aachen (Ökotopia Verlag) 2016.